事業者必携

◆訪問販売・通信販売など活用自在!◆

最新 特定商取引法と消費者契約の実践法律知識

弁護士 岩﨑　崇 監修

三修社

はじめに

多様な消費者のニーズに応えるため、市場では、たくさんの商品やサービスが販売されています。本来、契約をする際に契約者双方が契約内容を理解した上で契約を結び、購入した商品や提供されたサービスが当初の説明どおりであれば、トラブルは生じないはずです。しかし、取引が複雑になると、消費者と事業者の間で情報に格差が生まれ、消費者の利益が侵害されることがあります。「当初の説明と実際の商品が違う」「重要な事実を伝えられていない」「断ったのに帰ってくれないからしかたなく契約した」といったトラブルが後を絶ちません。実際には、①法律や契約の知識がなく相手に利用されてしまう、②相手の説明をよく聞かずに内容を正確に理解せずに契約してしまう、③相手が正しいことをきちんと伝えなかったためにだまされた、といった事情があるために契約トラブルが発生することになります。そのため、消費者を保護する法律が必要になってきます。

本書では、事業者が消費者と取引をする際に重要になる消費者取引法、特定商取引法、割賦販売法を中心に、契約の一般的なルールとなる法律や制度を平易に解説しました。令和２年の割賦販売法、令和３年の特定商取引法、などの改正法にも対応しています。

また、トラブル防止のための条項や特定商取引法に基づく表示、クーリング・オフ告知書面の書き方、景品表示法、個人情報保護法、リコール、製造物責任法などの関連法についても網羅しており、消費者問題の全体像が理解できるようになっています。

本書を上手にご活用いただき、皆様のお役に立てていただければ監修者として幸いです。

監修者　弁護士　岩﨑　崇

目　次

第4章　割賦販売法のしくみ

第5章　景品表示法のしくみ

第1章

契約の一般ルールと消費者保護の法律

1 契約自由の原則と例外

原則として契約は法律に優先する

4つの原則がある

契約は、申込みと承諾によって意思が合致した時に成立します。口約束でも書面でも原則として契約は成立しますが、重要な契約は書面で行うことが一般的です。

そして、契約には、当事者が自由に締結できるという**契約自由の原則**が認められています。契約自由の原則には、①締結する・しないの自由、②契約の相手選択の自由、③契約内容の自由、④契約方法の自由の4つの自由があります。

①　締結する・しないの自由

その言葉どおり、契約をするかしないかは原則として強要されることはなく、当事者の自由であるということです。片方の当事者が契約することを望んでいても、もう片方の当事者が条件が合わないなどの理由で契約することを望まないのであれば、契約は成立しません。

②　契約の相手選択の自由

契約の相手方を信用できなければ契約をしなくてもよい、相手を自由に選んでよい、ということです。

③　契約内容の自由

たとえば売買契約では、何を売るのか、代金はいくらか、いつ支払いや引渡しをするか、などの契約内容を当事者の合意があれば原則として自由に決められるということです。

④　契約方法の自由

口約束でも書面でもメールでも、双方の合意があれば契約として成立し、方法（方式）は問わないということです。

契約自由の原則の例外

「契約」の内容が法律の規定と異なる場合でも、原則として契約として締結された内容は法律の規定に優先します。つまり当事者は、法律を守る以前に、まず契約内容を守らなければなりません。契約は当事者の合意に基づいて作られる強制力を伴った当事者間のルールであり、当事者が合意していることが前提となります。ここでは「自由な意思に基づく」という意味で契約自由の原則が存在します。ただし、例外として強行規定（12ページ）である法律の規定は契約に優先します。

また、商品を購入するのも１つの契約ですが、経済活動の複雑化、高度化を考慮すると、事業者の方が消費者より知識も豊富で「強者」といえます。

そこで、悪質な商法を行う事業者の増加や事業者と消費者のトラブルの増加という社会的問題をふまえ、弱い立場にある消費者を保護するために、消費者契約法や特定商取引法といった法律が定められています。

事業者との契約でトラブルが生じたときは、まず特定商取引法や消費者契約法などを適用することによる救済・解決の手段を探すといったように、消費者は手厚く保護されています。

内容自体によっては無効になることもある

当事者が合意して締結したわけですから、契約は原則として守られなければなりません。しかし、契約が無効なものであれば、守る必要はありません。どんな契約でも守る必要があるということであれば、たとえば「夫が憎いので、100万円払うから殺してくれ」というような「殺人契約」も守らなければならないということになってしまいます。常識的に考えて、そのような内容の契約が「あってはならない」ことは明らかです。このような極端な例でなくても、①契約が実現不可能である場合、②契約の内容が不明確である場合、③そもそも契約が成立していない場合には、契約は無効になります。

①　実現不可能な契約

「自力で空を飛んだら100万円あげ

契約自由の原則

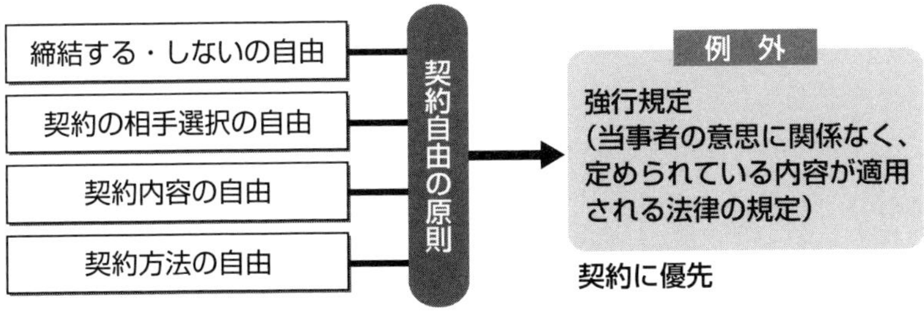

よう」などというような契約です。契約の内容（自力で空を飛ぶ・100万円をあげる）は誰が判断しても明確にわかりますが、そもそも人間が自力で空を飛ぶなどということは不可能です。また、家などの売買契約の際に、家が災害や事故などでなくなっていたのにそれを知らずに契約した場合も、契約は無効になります。家という売買契約の対象物がないので、「契約は実現不可能である」とされるからです。

②　契約の内容が不明確なとき

「就職が決まったら何かプレゼントしよう」というような、「何か」の内容が特定できないような契約のことです。この場合も無効です。

もし契約の実現を求めて裁判を起こそうとしても、「何か」を特定できないため、どうしようもありません。契約内容は具体的に決めておく必要があります。

③　契約が成立していない場合

この場合には契約は無効です。たとえば、誰かが自分の名前を騙って勝手に契約をした場合や、誰かが勝手に自分の代理人として契約を結んだ場合などが挙げられます。このような「まったく知らない」契約はそもそも成立しません。

公序良俗違反の場合には無効である

公序良俗違反（明らかに反社会的、不当な契約）は、無効になります。「公序良俗」は時代と共に変化しますし、個人間の常識の差もあるので有効か無効か意見の分かれるものもありますが、通常は一般常識で判断できます。公序良俗に反する契約例としては次ページ図のものがあります。

強行規定違反も無効である

契約は「自由」であり「契約は法律に優先する」という原則がありますが、例外として「法律が契約に優先する」という場合もあります。契約に優先する法律が**強行規定**です。強行規定に違反する契約も無効になります。そのため契約をするときには契約内容に関する強行規定を考慮して、強行規定に違反しない範囲で契約をしなければなりません。

「契約自由の原則」からすれば契約は自由なはずですが、それでは立場の弱い片方の当事者が著しく不利な立場に追いこまれがちです。そのような弱い立場の当事者を保護するという意味で、強行規定違反の契約は無効とされるのです。

強行規定とされているルールには、

たとえば、次ページ図のものがあります。

クーリング・オフを認めない契約をしても無効になる

消費者保護のための法律の中にも強行規定があります。よく知られているのがクーリング・オフですが、これは特定の取引について、一定の期限内であれば、無条件で契約を解約することができるという制度です。契約でクーリング・オフを認めない内容、クーリング・オフと矛盾する内容を取り決めていたとしても、その部分は無効になります。

クーリング・オフが適用される取引についてはそれぞれの法律で定められています。具体的には、第3章以降で詳述しますが、訪問販売や電話勧誘販売、連鎖販売取引については特定商取引法が規定しています。個別信用購入あっせん（個別クレジット契約）については割賦販売法がクーリング・オフについて規定しています（186ページ）。

公序良俗に反する契約例

殺人・暴行などを行う契約	明らかに不法な内容で誰が判断しても反社会的であり、無効
人身売買に関する契約・奴隷契約	人間の自由を不当に侵害しており、無効
愛人契約	一夫一婦制度、正当な婚姻制度を揺るがすもので、性道徳や倫理を否定するものであり、無効
ねずみ講、またはそれに類する契約	明らかに破たんすることが予想され、人を不当に陥れる可能性が高いため、無効
男女差別がある契約	男性 55 歳、女性 50 歳などというように理由のない差をつけた定年制の契約（就業規則）は男女差別にあたるため、無効
暴利行為を定めた契約	高すぎる利子・違約金を定めた契約は、他人の弱みにつけこんだ不当な契約と判断され、無効
地位を利用した契約	雇用契約などで、常識を逸脱するほど長い試用期間などを定めたものは、使用人の地位を利用して従業員に著しく不利益を与えるため、無効

条件の種類によっては契約が無効になることもある

消費者契約法では、事業者がウソを言ったり、事業者の不利になるようなことを意図的に隠したり、適切な理由もなく断定的なことを言ったりして、いわば事業者が消費者をだましたような形で契約を締結した場合には、消費者は契約を取り消すことができるとしています。

また、契約成立の過程は適切であっても、消費者にとって一方的に不利となる契約の内容（条項）が無効になる場合があります。無効とされる例は、以下の通りです。

・事業者が商品を渡さなかったために、消費者が損害を被ったとしても、事業者は一切の責任を負わないとする内容がある場合
・事業者がわざと、または重大な不注意で、商品を渡さなかった場合であっても、事業者は一部の責任を負わないとする内容がある場合
・事業者が商品を渡す場合に、事業者が消費者に損害を与えたときの賠償責任を一切負わないとする内容がある場合
・事業者が商品を渡す場合に、わざと、または重大な不注意で消費者に損害を与えたとしても、事業者は一部の責任を負わないとする内容がある場合
・契約の目的物が契約の内容に適合しないときに、これによって消費者が損害を受けた場合でも、一切の責任を負わないとする内容がある場合

強行規定とされるおもなもの

借地借家法	当事者同士の借地契約や借家契約の内容が借地借家法の規定より借主に不利な場合にはその内容は無効になる。
利息制限法	利息の上限が決められている
流質契約	質や担保として提供されたものを、借金の代わりに得ることは原則としてできない
消費者保護に関する特例	クーリング・オフを認めない契約をすることはできない

2 定型約款

不特定多数の者との取引のために画一的な内容をあらかじめ条項として置くことができる

定型約款とは

民法は、**定型約款**を「定型取引において、契約の内容とすることを目的としてその特定の者により準備された条項の総体をいう」と定義しています。「定型取引」とは、ある特定の者が不特定多数の者を相手とする取引であって、その内容が「画一的」であることが双方にとって合理的なものをいいます（548条の2第1項）。保険約款、預金規定、通信サービス約款、運送約款、カード会員規約は、定型約款にあたる可能性が高いといえます。

たとえば、月額課金のオンラインストレージサービスを提供するA社の例を考えてみましょう。A社はユーザー登録画面に利用規約を表示して、当該利用規約が契約内容に含まれることに同意する旨のボタンがユーザーによって押されてから、月額課金サービスに移行する方法を採っているとします。

このような場合、ユーザーが利用規約のすべての条項を把握して合意していることは通常期待できません。しかし、利用規約が契約の内容とはならないとされると、個別に契約交渉をするなどの煩雑な手続が必要となり、A社にとってもユーザーにとっても事務処理の負担が増えます。

そこで、不特定多数の者との画一的な取引を迅速かつ効率的に行うため、利用規約を定型約款として契約の内容とすることが便利です。

定型約款の内容

民法では、定型取引をすることの合意（定型取引合意）があった際に、①定型約款を契約の内容とすることの合意もあった場合、または②定型約款を契約の内容にする旨をあらかじめ相手方に表示していた場合には、定型約款の個別の条項について合意があったものとみなすと規定しています（548条の2第1項）。これを**みなし合意**と呼んでいます。

特に②の場合は、相手方が定型約款をまったく見ていなくても合意があったとみなされる場合があることになります。

みなし合意の制度は、不特定多数の者との画一的な取引を迅速かつ効率的に行うために有用です。しかし、常に合意があるとみなされると不都合が生じる場合もあります。

そのため、相手方の権利を制限したり、義務を加重する条項であって、定型取引の態様・実情や取引上の社会通念に照らして、信義則（信義誠実の原則）に反して相手方の利益を一方的に害すると認められるときには、そのような個別の条項については合意をしなかったものとみなされます（548条の2第2項）。

この除外規定に該当する条項の例として、不当条項や不意打ち条項が挙げられます。

不当条項とは、契約違反をした相手方に過大な違約金を課する条項や、逆に、定型約款を準備する側（定型約款準備者）の責任を不当に免責したり、賠償額を不当に僅少にする条項などを指します。

不意打ち条項とは、定型取引と関連性のない製品やサービスを、通常予期しない形でセット販売している条項などを指します。

定型約款の表示（開示）義務

定型取引について合意した場合で、定型約款を契約の内容にする旨をあらかじめ相手方に表示していた場合には、定型約款の個別の条項についても合意があったとみなされます。その場合でも、相手方から請求があれば定型約款の内容を表示しなければなりません。

定型取引合意の前または定型取引合意後相当の期間内に相手方から表示（開示）の請求があった場合には、定型約款準備者は、遅滞なく相当な方法で定型約款の内容を表示しなけ

定型約款を利用した取引

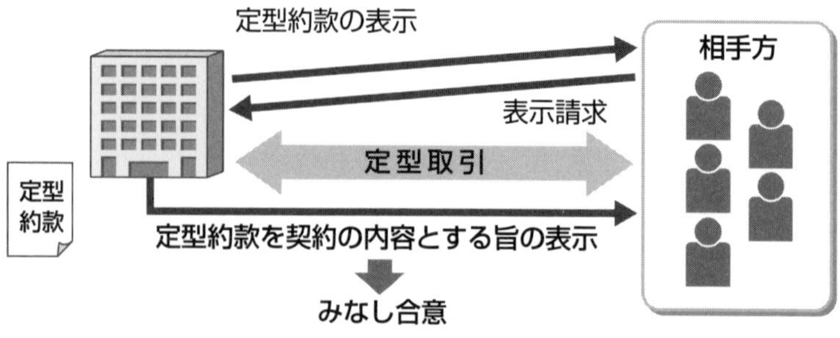

ればなりません（548条の３第１項）。たとえば、相手方から請求されたときに定型約款を掲載したWEBページのURLを提示するなど相当な方法で表示することになります。

なお、定型取引合意後相当の期間内における相手方からの表示請求を拒否した場合でも、定型約款自体は契約の内容になります。ただし、この場合は定型約款を表示する義務が履行されておらず、定型約款準備者は債務不履行責任を負う可能性があります。

これに対して、定型取引合意前に相手方から定型約款の開示請求があったのに、正当な理由なく拒否した場合は、みなし合意の規定が適用されず、定型約款自体が契約の内容にはなりません（548条の３第２項）。

定型約款の変更が可能な場合

定型約款を利用して不特定多数の相手方と取引を開始している状態であっても、事後的にその定型約款を変更する必要が生じる可能性もあります。民法は、一定の要件を満たしている場合には、相手方の個別の合意がなくても定型約款を変更できるものとしています。具体的には、個別の合意なき定型約款の変更が認められるためには、下図のいずれかの要件を満たす必要があります（548条の４第１項）。

なお、いずれかの要件を満たしている場合において、実際に定型約款の変更が効力を生じるためには、①定型約款を変更する旨、②変更後の定型約款の内容、③変更後の定型約款の効力発生時期の３点について、インターネットその他適切な方法で周知することが必要です。

定型約款の変更が可能な場合

定型約款 → 不特定多数の者と取引を行うために定めている

【事後的に変更が必要な場合】 いずれかの要件を満たす必要がある

① 定型約款の変更が相手方の一般の利益に適合するものであること
② 定型約款の変更が契約の目的に反せず、変更の必要性、変更後の内容の相当性、約款上の変更に関する定めの有無・内容などの事情に照らして合理的なものであること

→ いずれかの要件を満たす場合、変更に関する事項をインターネット等で周知することが必要

3 無効・取消

法律行為の効力が否定されるのはどのような場合か

無効と取消とは

無効とは、意思表示が意思表示の時点から当然のこととして効力をもたない場合をいいます。これに対して、**取消**とは、意思表示の時点では一応有効とされるが、取り消されれば、初めにさかのぼって無効とされる場合をいいます。したがって、取り消すことのできる行為は取り消されるまでは有効です。取り消すことのできる事情があっても、それが自分に有利なものだと考えれば、取り消さないこともできます。

もっとも、意思表示自体がそもそも存在しない場合には、法律行為は「不成立」であり、無効や取消とは異なることに注意が必要です。

なお、無効に関して、本来は、誰もが意思表示の無効を主張することが可能ですが、一方当事者の利益を保護するために無効とされているものについては一方当事者のみが、意思表示の無効を主張することが認められます。たとえば、幼児のような意思能力を持たない者の意思表示については、意思能力を持たない者の側（この場合は親などの保護者）のみが、意思表示の無効を主張することができます。

無効と取消はどう違う

まず、追認の意味合いが異なります。**追認**とは、欠陥のある法律行為を事後的に認めることです。無効行為は当然に効力をもたないので、追認しても有効になるわけではありません。無効行為の追認は新しい意思表示をしたとみなされます（119条）。

これに対して、取り消すことのできる行為の追認は、一応有効に成立している行為を、確定的に有効にする行為です。追認は、法律行為の相手方にとって、取り消されるか否かが不安定な状態から解放され、法律関係が確定するという意味をもちます。

なお、取り消すことのできる法律行為の相手方には、取り消されるか否かが不安定な状態を脱し、法律関係を確定させるため、一方当事者である制限行為能力者や無権代理行為の本人等に対して、追認するか否かを確認（催告）することが認められています。催告を行った後に、一定の期間内に何ら確答（追認するかしないかの返事）がない場合に、追認したものとみなすケース（制限行為能力者が行為能力者となった後、その者に対する催告、法定代理人に対する催告など）と、追認が拒否されたものとみなすケース（被保佐人に対する催告、無権代理行為の本人に対する催告など）があります。

追認が行われると、それ以降は、当該法律行為は完全に有効な法律行為であると扱われるため、いったん追認した法律行為について、後になって取り消すことはできません。

また、取消権者が追認の意思表示を示していなくても、法律が定める事実があったときに追認したものと扱われる場合があります。これを**法定追認**といいます。民法は法定追認にあたる事実として、次の6つを規定しています（125条）。それは、①取消権者が債務の全部または一部を履行した場合、②取消権者が相手方が負う債務の履行を請求した場合、③取消ができる法律行為に関して更改契約を結んだ場合、④取消権者の負う債務について抵当権等の担保を提供した場合、⑤取消ができる法律行為により取得した権利の全部または一部を取消権者が譲渡した場合、⑥取消権者が取消可能な法律行為に基づき強制執行を行った場合です。

次に、無効は誰であっても主張できます。一方、取消は錯誤に陥った者、詐欺・強迫を受けた者やその代理人など、または制限行為能力者やその代理人など、一定の人しか主張ができません（120条）。

無効はいつまでも主張できます。一方、取消は追認ができる時から5年間、あるいは法律行為をした時から20年間を経過すると主張できなくなります（126条）。

無効と取消についてのまとめ

	主張できる者	主張できる期間	追　認	効　力
無効	誰でもできる	いつでも主張できる	できない	当然無効
取消	取消権がある者（120条）	期間が限られている（126条）	できる	はじめにさかのぼって無効

4 消費者契約法の全体像

不利な立場に置かれやすい消費者を保護する

どんな法律なのか

民法は契約の当事者が対等であることを前提としてルールを定めています。しかし、実際の商取引の場面では、売主側と買主側の知識に相当の差がある場合が多いのが実情です。特に消費者は契約とはなじみの薄い庶民であるのに対し、もう一方の事業者は取引のプロですから、消費者と事業者では対等とはいえない状況になりがちです。

そこで、契約に関わる知識量や判断力などの点で不利な立場にある消費者を保護する法律として、**消費者契約法**があります。消費者の保護や事業者の規制を目的とするルールにはさまざまなものがありますが、消費者契約法は中心的な役割を果たしているといえるでしょう。

消費者保護のためのさまざまなルールが規定されている

消費者契約法が対象としているのは、消費者と事業者の間で結ばれる契約に限られます。

消費者契約法は、一定の場合に、知識や情報などの点で弱い立場にある消費者に取消権を与え、契約条項を無効とすることなどを内容としています。消費者をだました場合（詐欺）や、脅した場合（強迫）には、民法により契約を取り消すことができます。

これに対し、民法の詐欺や強迫とまでは言えないケースでも、消費者を誤認させて困惑させたときは、消費者による契約の取消が認められる点に消費者契約法の特徴があります。

消費者契約法は事業者に対して、消費者に必要な情報の提供や説明をするように努力する義務を定めています。説明しなかったからといって直ちに刑罰が科されるわけではありませんが、消費者に不利益となる重要な事実を伝えずに契約すると、詐欺や強迫にあたらなくても、後で契約を取り消されてしまう可能性が出てきます。また、消費者契約法は、消費者を一方的に不利にする契約の条項を無効としています。

消費者契約をめぐる法令・役所・相談機関

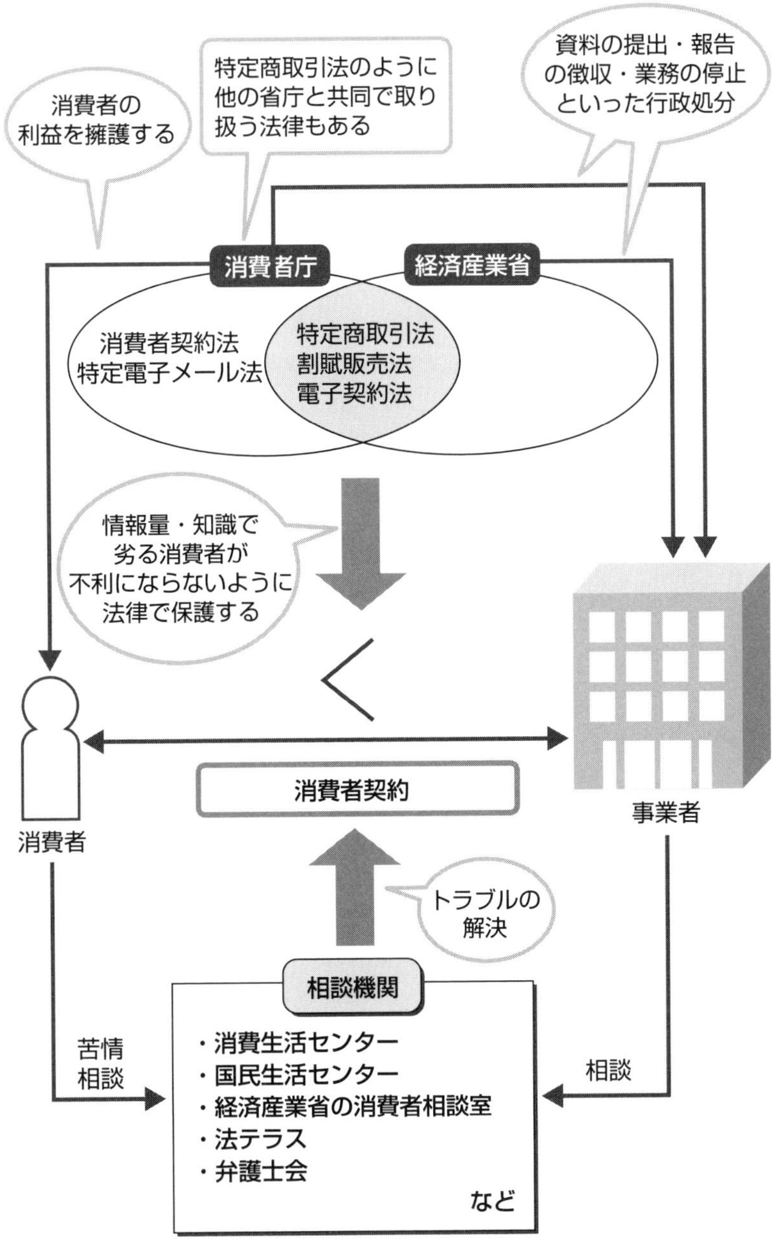

消費者の
利益を擁護する
特定商取引法のように
他の省庁と共同で取り
扱う法律もある
資料の提出・報告
の徴収・業務の停止
といった行政処分
消費者庁
経済産業省
消費者契約法
特定電子メール法
特定商取引法
割賦販売法
電子契約法
情報量・知識で
劣る消費者が
不利にならないように
法律で保護する
消費者契約
消費者
事業者
トラブルの
解決
相談機関
・消費生活センター
・国民生活センター
・経済産業省の消費者相談室
・法テラス
・弁護士会
など
苦情
相談
相談

5 特定商取引法の全体像

訪問販売やマルチ商法を規制する法律である

特定商取引法とは

特定商取引法は消費者と事業者との間で特にトラブルになることが多い取引について、取引をする際のルールを定めている法律です。正式には「特定商取引に関する法律」といいます。特定商取引法は、当事者が誰であるかということに加えて、取引の形態に着目し、消費者が不利益を受けそうな取引について、不利な契約を結ばされないように事業者を規制しているという点に特徴があるといえます。

特定商取引法が規制する取引と規制内容

特定商取引法は、①訪問販売、②通信販売、③電話勧誘販売、④連鎖販売取引（マルチ商法）、⑤特定継続的役務提供（語学教室の受講、学習塾・パソコン教室への通学、エステ契約等）、⑥業務提供誘引販売取引（内職商法）⑦訪問購入という７種類の特定商取引や、ネガティブオプション（送り付け商法）について規制しています。

また、事業者に対して、広告規制、契約書面の交付、不当な勧誘の禁止、クーリング・オフ、中途解約権の保障といったさまざまなルールを設けています。特に重要な規定が通信販売を除く取引に認められているクーリング・オフです。事業者は消費者にクーリング・オフという権利があることを書面で伝え、消費者のクーリング・オフを不当に妨害することを避けなければなりません。

詳細については第３章以下で述べますが、取引の種類によって規制内容は異なっており、まとめると次ページ図のようになります。特定商取引法は、民法、消費者契約法、割賦販売法と共に、消費者被害を予防・解決する法律として機能しているといえるでしょう。

特定商取引法は、消費者の弱みにつけ込む新たな悪質商法や、社会経済情勢の変化に対応するために都度見直され、法改正がなされています。

特定商取引と事業者に対するおもな規制

	広告についての規制	勧誘するにあたっての規制	契約書面の交付についての規定	契約の解消についての規定
訪問販売（77ページ）		勧誘目的の明示 再勧誘の禁止 不当行為の禁止	申込書面の交付 契約書面の交付	クーリング・オフ 過量販売の解除 不当勧誘行為がある場合の取消権
通信販売（104ページ）	広告の表示 誇大広告の禁止 迷惑メールの禁止			返品制度
電話勧誘販売（122ページ）		勧誘目的の明示 再勧誘の禁止 不当行為の禁止	申込書面の交付 契約書面の交付	クーリング・オフ 不当勧誘行為がある場合の取消権
連鎖販売取引（132ページ）	広告の表示 誇大広告の禁止 迷惑メールの禁止	勧誘目的の明示 不当行為の禁止	概要書面の交付 契約書面の交付	クーリング・オフ 不当勧誘行為がある場合の取消権 消費者の中途解約権
特定継続的役務提供（141ページ）	誇大広告の禁止	不当行為の禁止	概要書面の交付 契約書面の交付	クーリング・オフ 不当勧誘行為がある場合の取消権 消費者の中途解約権
業務提供誘引販売取引（152ページ）	広告の表示 誇大広告の禁止 迷惑メールの禁止	勧誘目的の明示 不当行為の禁止	概要書面の交付 契約書面の交付	クーリング・オフ 不当勧誘行為がある場合の取消権
訪問購入（156ページ）		氏名等の明示 不招請勧誘の禁止 再勧誘、不実の告知等の禁止	申込書面の交付 契約書面の交付	クーリング・オフ 引渡しの拒絶

6 割賦販売法の全体像

信用取引に関して消費者を保護するための規定を設けている

割賦販売法の規制

商品やサービスを購入するとき、その場で代金の支払いや商品の受取りを行う即時決済の方式で取引することは、今日では少なくなりつつあるかもしれません。代金が少額ならまだしも、数万円以上の取引となると、クレジットカードやローンの利用により、代金を後払いにして、先に商品を引渡しを受けたりサービスの提供を受けたりすることの方が多くなっています。

このように、商品の引渡しと代金の支払時期に時間的な間隔が空く取引のことを**信用取引**といいます。信用取引は、手元に資金がなくても商品の購入が可能になる反面、支払形態が複雑になるなどの問題もあるため、**割賦販売法**という法律でルールが定められています。

割賦販売法が規制する取引と規制内容

割賦販売法の適用対象となる取引と、それぞれの取引に関するおもな規制内容をまとめると、次ページ図のようになります。事業者としては、どのような取引が割賦販売法の対象になるかについて、正確に把握しておく必要があります。

図中の「取引条件の開示についての規制」とは、広告の仕方、必要事項を記載した書面の交付についての規制です。「契約内容についての規制」とは、消費者が不利益を被るような条項を定めることを禁止する規制です。

事業者と消費者との間の取引には、民法や消費者契約法、特定商取引法などの法律も適用されますが、その取引が信用取引にあたる場合には、さらに割賦販売法の規定が適用されることになります。

その他、消費者の債務総額や支払状況などを管理する指定信用情報機関についても規定しています。指定信用情報機関に提供された情報は、おもに事業者が支払可能見込額を調査するために利用されます。さらに、クレジットカード番号等を適切に管理するための規制も設けています。

割賦販売法の規制する取引と事業者に対するおもな規制

	開業についての規制	取引条件の開示についての規制	業者の調査についての規制	契約内容についての規制
割賦販売 (175ページ)	前払式割賦販売の許可制	契約締結前の取引条件の開示 広告の一括表示 契約書面の交付	過剰与信の防止	契約不適合責任免除特約の禁止 不当な解除制限の禁止 期限の利益の喪失措置の制限
ローン提携販売 (178ページ)		ローン提携販売条件の表示 広告の一括表示 契約書面の交付	過剰与信の防止	契約不適合責任免除特約の禁止 不当な解除制限の禁止 抗弁権の接続
包括信用購入あっせん (180ページ)	業者の登録制(認定制もあり) 営業保証金の供託	カードの交付時の取引条件の表示 広告事項の表示 契約書面の交付	支払可能見込額の調査	契約不適合責任免除特約の禁止 不当な解除制限の禁止 期限の利益の喪失措置の制限 抗弁権の接続
個別信用購入あっせん (183ページ)	業者の登録制	取引事項の表示 広告事項の表示 契約書面の交付	支払可能見込額の調査 勧誘時の違法行為の調査義務	包括信用購入あっせんと同様の規制 クーリング・オフ 過量販売の解除 不実告知や故意の事実不告知の取消
前払式特定取引 (192ページ)	業者の許可制 営業保証金の供託 前受金の保全措置			

7 電子商取引

電子的なネットワークを介して行われる商取引

電子商取引とは

商取引の中でもインターネットをはじめとした、電子的なネットワークを介して行われる商取引を**電子商取引**といいます。

通常、人が取引を行う場合には、相手の様子や企業の雰囲気などを実際に目で見て判断しますが、電子商取引ではそれができません。売買契約を締結しても、その契約がいつ成立したものであるか、わかりにくいという問題もあります。また、電子商取引の場合には、契約が成立していることを示すものは紙ではなく、電子データです。電子データは、性質上、改ざんされたりコピーされやすいため、非常に不安定で、契約の証拠には向かない性質のデータです。さらに、電子メールなどを利用して情報の送受信を行うことから、情報が漏れる可能性も高く、実際に個人情報が漏れたケースは多数見られます。

そのため、電子消費者契約に関する民法の特例に関する法律（**電子契約法**）や**電子署名・認証制度**により、電子商取引の安全が図られています。

特定商取引法が適用される場合

インターネットを利用する取引であればすべてに特定商取引法が適用されるかといえば、そうではありません。まず、特定商取引法は商品・役務（サービス）と特定権利（82ページ）の提供について契約を行う場合を規制対象にしています。

また、特定商取引法は、販売業者または役務提供事業者を規制の対象としています。つまり、販売業者または役務提供事業者が当事者とならない取引（インターネットオークションやネット上のフリーマーケットなどの一般の人同士の取引）の場合は、特定商取引法による規制の対象外です。また、ネット上の取引のために、事業者がホームページを開設し、取引の場を提供している、というような場合にも、この事業者は取引の当事者ではなく、他人間売買の媒介をしているにすぎないため、規制を受けません。

ただし、媒介をするのではなく販売を委託されている場合には、この事業者は規制の対象となります。

なお、個人であっても、営利目的で反復継続してネット上で物を売っているような場合は、販売業者にあたると判断されて、特定商取引法の規制を受ける場合もあります。

電子契約はどの段階で成立しているのか

インターネット上での取引では、事業者側は、商品の情報をホームページなどに掲載します。これを**申込みの誘引**といいます。消費者がこの申込みの誘引に応じて、商品を注文することを**申込み**といいます。消費者の申込みの意思表示を受け、応じることを**承諾**といいます。契約は当事者の間で、申込みと承諾というお互いの意思が合致してはじめて成立します。そして、意思表示は相手方に到達したときに効果が発生するのが原則です。ただし、当事者同士が遠く離れた場所にいて契約をする場合には、郵便などの方法を使うと、承諾の通知を発信する時期と到達する時期にずれが生じ、相手に到達するまでは契約が成立しないことになってしまいます。そこで、平成29年改正前民法では、当事者同士が離れた場所にいる契約の場合には、承諾の通知が発信された段階で契約が成立するという例外を定めていました。

しかし、インターネット上の取引であれば、お互いに離れた場所での取引であっても承諾の通知を発信するのとほぼ同時に相手に到達しますから、改正前民法の例外規定を使う必要性がありません。そこで、平成13年に成立した電子契約法では、インターネット取引では民法の例外規

電子契約法のしくみ

対象	効果
①電子商取引のうち、 ②事業者と消費者との間の、 ③パソコンなど（電子計算機）を使った申込や承諾を、 ④事業者が設定した画面上の手続に従って行う契約	①操作ミスなどによる意思表示の取消を認める ②事業者側に意思確認のための措置をとらせる ③相手方へ承諾の意思表示が到達したときに契約が成立する

定を適用せず、原則通り、承諾の通知が到達したときに契約が成立することを、例外の例外として定めていました。その後、さらにインターネットが普及したこともあり、民法の例外規定自体が不要と考えられるようになり、平成29年民法改正では例外規定を削除し、離れた場所にいる人同士であっても承諾の通知が到達したときに契約が成立するというルールに一本化されました。具体的には、ネットショップで商品を購入する場合、顧客は、連絡先のメールアドレスを店側に伝え、注文を受けた店は、指定されたアドレス宛に承諾の通知を送ることになります。

操作ミスをしても救済される

電子契約法では、消費者の操作ミスの救済が図られています。契約の原則（民法の原則）によると、重大な不注意で勘違いして意思表示をしたときは錯誤取消を主張できません。操作ミスは重大な不注意とされる可能性があります。そのため、電子契約法では、この原則に対して例外を定めています。

具体的には、事業者側には、消費者が申込みを確定させるより前に、自分が申し込む内容を確認できるようにする義務が課せられています。内容が確認できるようになっていない場合で消費者がコンピュータの操作を誤った場合には、契約の申込みの意思表示を取り消せるわけです。他方、事業者側が、消費者が申込みの意思表示をする際に、申込内容を確認できるような画面を作っていた場合には、消費者側で申込みの意思表示の錯誤取消を主張することはできません。

また、消費者側から、申込内容を確認する画面の表示は不要であるとの申し出があった場合も、錯誤取消の主張はできません。

契約の成立時期

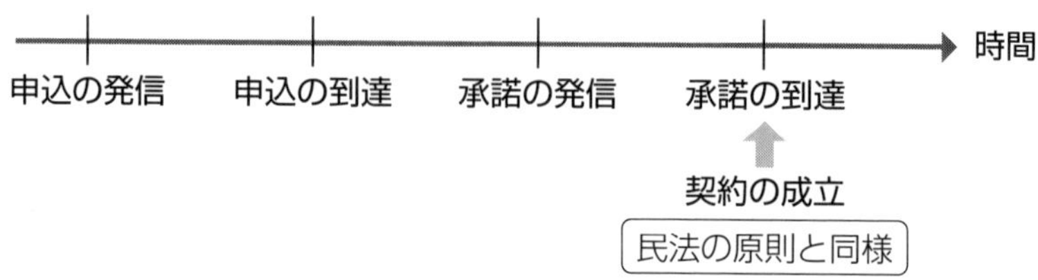

8 なりすましのトラブル

なりすましの被害者である顧客に責任追及できる場合もある

どんな場合がなりすましにあたるのか

なりすましは、たとえばAがBのユーザーIDとパスワードを勝手に使い、Bと名乗ってネットショップCから商品を購入する場合です。なりすましの事案では、被害者BとネットショップCの間には契約は成立しません。Bには商品を購入する意思もなければ、注文行為も行っていないからです。したがって、ネットショップCは被害者Bに代金の支払いを請求できないのが原則です。

なりすましの可能性があるケースで事業者側が最初にすべきことは、本当になりすましなのか確認することです。Bがウソをついている可能性もあります。なりすましか否かによって、その後の対応がまったく異なりますので、慎重に確認しましょう。悪質な場合には、警察に被害届を出すことも検討しましょう。被害届の罪名は、刑法が定める詐欺罪や不正アクセス禁止法違反です。

犯人に賠償請求する

調査の結果、Aが犯人だとわかった場合は、CはAに対して、不法行為に基づく損害賠償請求や不当利得の返還請求をします。

不法行為とは、意図的に（故意）または、落ち度によって（過失）他人の財産などに損害を与える行為です。不法行為を行った人は、不法行為により生じた損害を賠償する義務を負います。

不当利得とは、利益を受ける根拠がないにもかかわらず、他人の財産や行為によって利益を受けることです。不当な利益を得た人は、得た利益を返還する義務を負います。

ただし、犯人Aの名前や住所が判明しても、Aが賠償金を支払うだけのお金を持っていない場合には、実際にお金を回収するのは難しくなります。

例外的になりすまし被害者に責任追及できることがある

なりすましの事案では、ネットショップCが被害者Bに対して、責任を追及できる場合が2つあります。

・表見代理の類推適用が可能な場合

表見代理は、代理権を持っていないのに代理人と称している人と取引した相手方を保護する制度です。表見代理が類推適用されると、CとBの間に契約が成立したのと同様に扱われます。

類推適用とは、ある法律の規定を、事案の性質が似た別の事柄にも適用することをいいます。なりすましの事案では、犯人は代理人と称しているわけではないので、表見代理の規定をそのまま適用できません。したがって、表見代理の類推適用になります。大まかな要件は、①Bが注文したかのような外観があること、②Cが外観を信頼し、落ち度がないこと（善意・無過失）、③外観を作り出したことについてBの関与（落ち度）があることです。

・規約に責任追及を可能とする規定がある場合

ネットショップの中には、IDとパスワードを使って本人確認を行っているところがあります。その店が規約に次のような規定を設けている場合には、顧客になりすましの責任を追及できる可能性があります。

たとえば、「入力されたID、パスワードが登録されたものと一致する場合、会員本人が利用したとみなす」という規定がある場合です。

もっとも、このような規定が有効とされるには、店が、通常期待されるレベルのセキュリティ体制を構築していることが前提です。店のセキュリティレベルが通常求められるものよりも低いと、顧客に責任追及できない場合があるので注意しま

なりすまし行為とネットショップの採り得る手段

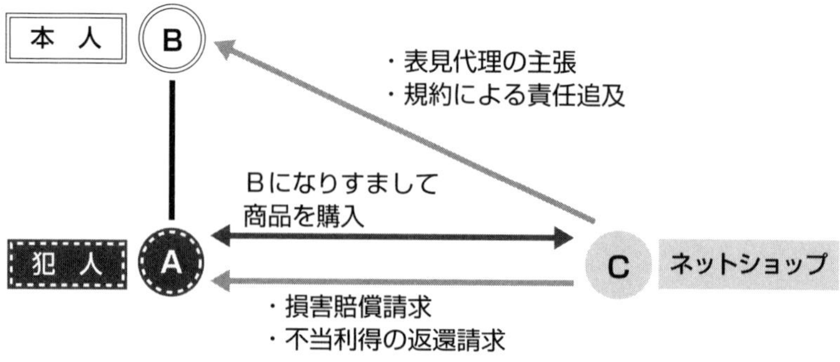

しょう。また、IDやパスワードの管理などについて顧客の落ち度（過失）の有無を問わず顧客に責任追及できるとする場合には、顧客に一方的に不利な条項として無効になることがあります。

クレジットカードなどの決済はどうなる

なりすましの事案では、ネットショップCと被害者Bの間に契約が成立することはありません。したがって、CはBに対して代金の支払いを請求できないのが原則です。ただ、犯人Aがクレジットカード決済やネットバンキング決済を悪用した場合には話が少し複雑になります。

カード決済では、Cと決済業者の間で加盟店契約が締結されており、決済業者がCに代金を支払います。なりすましの事案については、加盟店契約により、Cへの支払いが一時保留になることがあります。

一方、被害者Bと決済業者の間で結ばれた契約関係は立替払契約などによって処理されています。立替払契約は、決済業者がネットショップに商品の代金を立替払いして、その立替払分をカード利用者に請求するという内容です。このような場合、なりすましの問題についても加盟店契約や立替払契約などによって処理されるのが原則です。不正利用された本人の責任の度合いによっても異なりますが、ネットショップが代金を受け取れない可能性もあるため、加盟店契約（販売業者がカード発行会社のクレジットカードで決済できるようにするため、カード発行会社との間で結ぶ契約）や立替払契約、その他の規約の内容には注意しておく必要があるでしょう。

なりすましに対する対策

前払いでの代金受取り	代金を前払いにすれば、店が商品の代金や配送費用を回収できなくなるリスクを軽減できる
電子署名制度の利用	電子署名を採用すれば、作成者の特定や改ざん防止が可能になるため、なりすましを予防できる
規約による顧客への責任追及	会員本人が利用したとみなす規定をあらかじめ作成しておく

9 クーリング・オフ

一定の取引であればクーリング・オフが利用できることもある

クーリング・オフ制度とは

クーリング・オフを日本語に訳すと「頭を冷やす」という意味になります。事業者との契約後、2、3日後になって冷静に考えてみると「必要のない契約をした」と後悔し、契約を解除したいと思うことがよくあります。そのような場合のために、一定期間の間は、消費者から申込みを撤回し、または契約を解除（最初から契約をなかったことにする）できることを法律で認めています。この法律で認められた一定期間のことを**クーリング・オフ期間**と呼びます。この期間を過ぎるとクーリング・オフができなくなります。クーリング・オフできる取引は、さまざまな法律で決められています（次ページ図参照）。

クーリング・オフは一度行った契約を消滅させる強力な効果があります。クーリング・オフを行ったことをはっきりさせておかなければ、後で「契約を解除した」「いやしなかった」という水かけ論になる危険もあります。どんな法律でもクーリング・オフの通知（告知）は「書面」で行うことが必要です。「書面」であれば、ハガキでも手紙でもかまいません。

しかし、普通郵便だと郵便事故で相手に届かないこともあります。また、悪質業者の場合だと、クーリング・オフのハガキや手紙が来ても無視する危険性が高いといえます。そこで内容証明郵便を使うのが最も確実です。

内容証明郵便は、誰が・いつ・どんな内容の郵便を・誰に宛てて差し出したかを郵便局が証明する特殊な郵便です。内容証明郵便に配達証明を付けることで相手に配達されたことも証明できます。郵便は、正確かつ確実な通信手段ですが、それでも、ごく稀に何らかの事故で配達されない場合もあります。一般の郵便物ですと、後々「そんな郵便は受け取っていない」「いや確かに送った」というような事態が生じないとも限らないわけです。たしかに、一般の郵便物でも書留郵便にしておけば、郵便物を引き受けた時から配達されるまでの保管記録は郵便局に残されます。

しかし、書留郵便は、郵便物の内容についての証明にはなりません。その点、内容証明郵便を配達証明付にしておけば間違いがありません。

クーリング・オフの効果

クーリング・オフは、書面を発送した時（電子内容証明郵便の場合は受け付けた時）に効果が発生します。つまり、クーリング・オフできる期間の最終日に書面を出したが、業者に届いたのはその３日後だった場合であっても、契約は解除されたことになります。クーリング・オフにより、業者は消費者が支払った代金全額をすぐに返還する義務を負います。

クーリング・オフはハガキでもできる

クーリング・オフは書面で行わなければなりませんが、記載事項は限られています。契約年月日、商品名、契約金額、販売会社を記載して、契約を解除する旨を書けばよいのです。ですから、クーリング・オフの期限が迫っていて内容証明郵便を準備している時間がないときなどは、取り急ぎ購入者が自分でハガキを書けばそれでも有効です。ただし、発信年月日を残すことが大切ですので、ポストに出すのは避けましょう。郵便局（差出事業所）の窓口で簡易書留郵便や特定記録郵便を利用するのが

クーリング・オフできるおもな取引

クーリング・オフできる取引	クーリング・オフ期間
訪問販売	法定の契約書面を受け取った日から８日間
電話勧誘販売	法定の契約書面を受け取った日から８日間
マルチ商法（連鎖販売取引）	クーリング・オフ制度告知の日から20日間
現物まがい商法（預託取引）	法定の契約書面を受け取った日から14日間
海外先物取引	海外先物契約締結の翌日から14日間
宅地建物取引	クーリング・オフ制度告知の日から８日間
ゴルフ会員権取引	法定の契約書面を受け取った日から８日間
投資顧問契約	法定の契約書面を受け取った日から10日間
保険契約	法定の契約書面を受け取った日から８日間

※期間は契約日を含む。ただし、海外先物取引は契約日の翌日から起算。

便利です。

クーリング・オフの告知書面の書き方

特定商取引法では、訪問販売・電話勧誘販売・連鎖販売取引・特定継続的役務提供・業務提供誘引販売取引・訪問購入の各取引について、消費者にクーリング・オフを認めています。事業者は購入者からこれらの契約の申込みを受けた際には、書面を交付してクーリング・オフに関する事項を**告知**しなければなりません。

告知は赤枠の中に赤字で、日本産業規格Ｚ八三〇五に規定する８ポイント以上の大きさの文字で記載します。たとえば、訪問販売の場合には以下のように記載します。

クーリング・オフのお知らせ

【クーリング・オフのお知らせ】

・書面受領日を含む８日間は、書面により無条件に売買契約の申込みの撤回または契約の解除をすることができます。
・クーリング・オフの効力はお客様が書面（下記参照）を発信した時（消印日付）から発生します。
・クーリング・オフをした場合、損害賠償または違約金の支払いの必要はなく、お客様が支払っている金銭等があれば全額返金し、手数料のご負担もございません。
・申込みが営業のため、もしくは営業として締結された場合にはクーリング・オフの適用はありません。

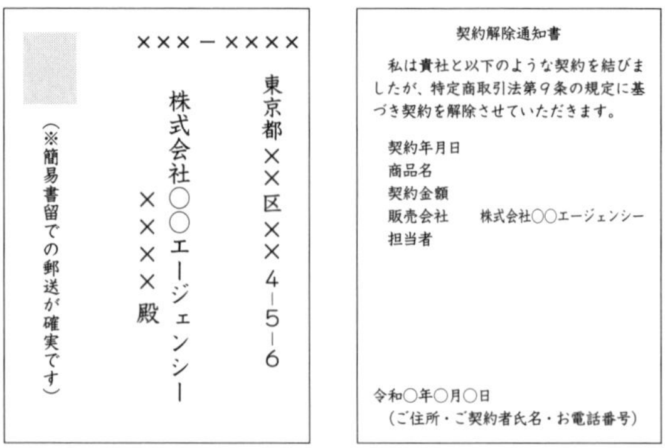

（表）（裏）

第2章

消費者契約法のしくみ

1 消費者契約法が適用される場合

消費者の立場と権利を守る法律である

なぜ消費者契約法ができたのか

一般的な契約について規定している代表的な法律として**民法**があります。民法では、契約自由の原則が採用されているため、原則として、誰との間でどんな内容および方式で契約しようと自由です（521条・522条２項）。

そもそも、民法は契約の両当事者が対等な関係であることを前提としています。しかし、事業者と消費者が結ぶ契約について見てみると、現代においては、豊富な知識や巧みな交渉術をもつ事業者と、それをもたない消費者との間に、商品知識や情報収集に対する能力に圧倒的な差ができています。そのため、民法だけでは消費者を十分に保護することができないというのが実情です。

実際、事業者の強引な勧誘や甘言によって知識の乏しい消費者が契約してしまい、後に大きな不利益を被るというトラブルが多発しました。たとえば、訪問販売（自宅への押売りや街頭で呼び止めて店舗に同行して行う販売方法）は特定商取引法、割賦販売（代金を即時決済するのではなく、一定の期間にわたって分割払いで支払う販売方法）は割賦販売法、といった法律で個別に対処していました。

ただ、その一方で、特定商取引法や割賦販売法で定める取引に該当しない取引によって被害を被った消費者も多く、被害者の救済という点で不十分といえました。

このような問題を解消するために制定されたのが「消費者契約法」です。消費者契約法は、消費者と事業者との間には、情報の質や量、交渉力などの面において絶対的な格差があることを認め、双方でかわす契約（消費者契約）において、消費者の権利や立場を守ることを目的としています。

どんな場合に必要なのか

消費者契約法による保護や救済が必要とされるのは、消費者と事業者との間に情報量や経験、交渉力などといった面で、圧倒的な格差が認められる場合です。

現代社会において経済や社会のしくみは複雑化し、事業者はこれまでの経験や知識、情報や交渉術といった強力な武器を豊富に持つようになりました。事業者は、これらの武器を駆使して消費者に契約を求めてきます。何の知識もなく、準備もできていない消費者側には、契約の内容をすべて理解し、自分の権利を守るための対抗策を講じることはまずできません。

そこで、消費者と事業者との間で結ぶ消費者契約に対し、事業者との不平等を是正して消費者を保護するため、消費者契約法が定められたのです。

消費者契約法があると何ができるのか

契約関係に問題が生じた場合、消費者は民法の取消（一応有効とされている意思表示の効力を最初に遡って失わせること）や解除（当事者の一方からの意思表示によって契約関係を解消すること）を利用して契約関係を解消することができます。

しかし、取消や解除は要件が厳しく、常に認められるわけではないため、民法の規定だけでは消費者を保護しきれていませんでした。消費者契約法が制定されたことで、民法に比べて契約の取消が認められやすくなったことが消費者にとっての最大の利点といえます。

適用される当事者と契約

消費者契約法は、その名称から、「消費者が行う契約が対象となる」ということは何となくイメージができます。消費者契約法では、「消費

消費者契約法が必要とされる理由

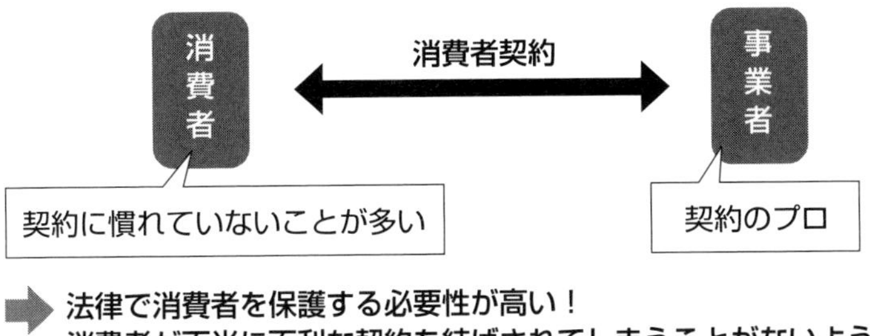

法律で消費者を保護する必要性が高い！
消費者が不当に不利な契約を結ばされてしまうことがないように、
消費者契約法は消費者と事業者が契約を行う場合のルールを規定している

者」「事業者」「消費者契約」が重要なキーワードとなります。

・消費者

消費者契約法において、保護の対象となるのは「消費者」です。消費者とは、普通の個人（一般人）のことですが、事業としてまたは事業のために契約の当事者になる者は含まれません。つまり、公務員や会社員、学生や専業主婦といった立場の個人は、その多くが消費者にあたりますが、公法人、株式会社、公益法人といった法人は、消費者にあたりません。

また、飲食店やサービス業などを営んでいる個人事業主は、事業運営のためにさまざまな契約を行っていますが、同時に一人の生活者でもあります。個人事業主を消費者契約法上の「個人」から一切除外してしまうと、その生活に支障をきたすことにもなりかねません。

そこで、個人事業主は、契約の状況に応じて、事業者として契約するときは「消費者」にあたらないものの、それ以外の場合には「消費者」にあたり消費者契約法の保護を受けることができます。

・事業者

消費者契約法で「事業者」として扱われるのは、まず法人です。具体的には、国・都道府県・市町村といった公法人の他、株式会社、一般法人、公益法人、宗教法人、NPO法人などの法律に基づき設立される法人が挙げられます。また、法人格を持たないまでも、集団で何らかの継続した事業を行っている団体は「事業者」として扱われます。さらに、飲食店や販売店、学習塾や家庭教師、弁護士・司法書士事務所などの個人事業主も「事業者」として扱われます（消費者契約法２条２項）。

・消費者契約

消費者と事業者の間で締結される契約のことを「消費者契約」といいます（消費者契約法２条３項）。ただ、実際には、当事者が「消費者」かどうか、あるいは「事業者」かどうかがあいまいな場合も多く、同様の内容の契約であっても、それぞれのケースによって、「消費者契約」にあたるかどうかの判断が違ってくることがあります。

不当な勧誘によって結ばれた消費者契約は取り消すことができますし、契約条項で消費者を不当に不利に扱っていたとしても、そのような条項は無効とされます。

消費者契約法の適用が除外される場合もある

消費者契約法がすべての消費者と事業者の間の契約に適用されるのかというと、そういうわけではありません。たとえば、労働契約には消費者契約法は適用されません。

適切な勧誘行為かどうか

事業者と消費者が契約をする際には、事業者側から何らかの形で勧誘が行われていることが多くあります。事業者が、契約の目的となる商品や権利、利益等について情報提供や説明を行う際に、中途半端な情報提供や説明しか行わなかったり、難解な専門用語を多用したり、あるかどうかもわからない利点ばかりを教え、不利益な点については教えないなどの行為があると、消費者は内容を正しく理解しないまま契約を締結することになりかねません。この場面では、後で消費者側に何らかの損害が発生したときに、「消費者の情報収集力や経験のなさという弱みにつけこんで、事業者が一方的に利益を得ようとしている」と指摘され、契約の取消を迫られることがあります。そのような状況に陥らないためには、事業者側としては、持っている情報や知識を適切に消費者に提供する必要があるのです。

具体的には、事業者は、消費者契約の条項を定める際には、その内容が消費者にとって明確で平易なものになるように配慮する必要があります。また、消費者契約の締結について勧誘をする場合には、契約内容についての必要な情報を提供するように努めなければなりません。消費者

契約の締結にあたって求められる事業者と消費者の努力

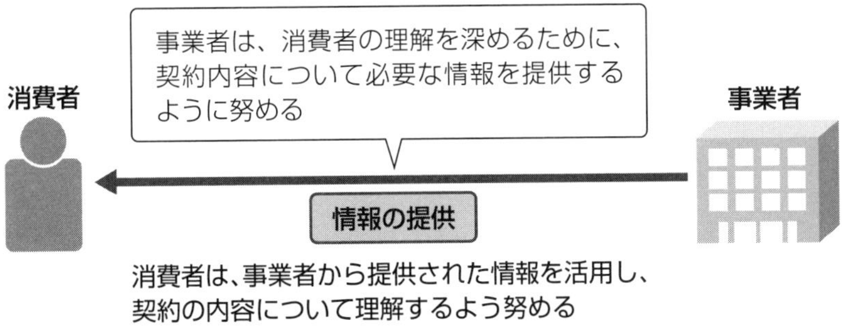

事業者は、消費者の理解を深めるために、契約内容について必要な情報を提供するように努める
消費者
事業者
情報の提供
消費者は、事業者から提供された情報を活用し、契約の内容について理解するよう努める

側も契約を結ぶ場合には、事業者から提供された情報を活用し、契約内容について理解するよう努めることが必要です（消費者契約法３条）。

ただ、求められているのはあくまで努力や配慮であって、この努力を怠ったとしても、直ちに事業者に対して、何らかの法的責任が発生したり、罰則が科されるわけではありません。また、事業者が情報を提供しなかったからといって、消費者が直ちに契約を取り消すことができるわけでもありません。その意味では、この条項だけでは消費者の保護という点で十分ではないといえます。

金融商品についての説明義務

預貯金、信託、保険、有価証券、デリバティブといった金融商品の販売については、「金融商品の販売等に関する法律」（金融商品販売法）に基づいて、消費者契約法とは異なる規制がなされています。具体的には、金融商品を販売する際に、事業者は、契約をする前に、消費者に対して重要事項を説明することが義務付けられ、同時に「値上がり確実」といった不確実な事項について断定的判断を提供することが禁じられています。

以上の義務に違反して重要事項を説明しなかったり、将来的な見通しが不確実であるにもかかわらず「絶対にもうかる」といった情報を提供して消費者に誤認をさせた場合（断定的判断の提供等）、事業者は、消費者が被った損害を賠償する責任が生じます（金融商品販売法５条）。これは消費者契約法と比べて事業者の責任を重くしているといえます。

消費者・事業者・消費者契約

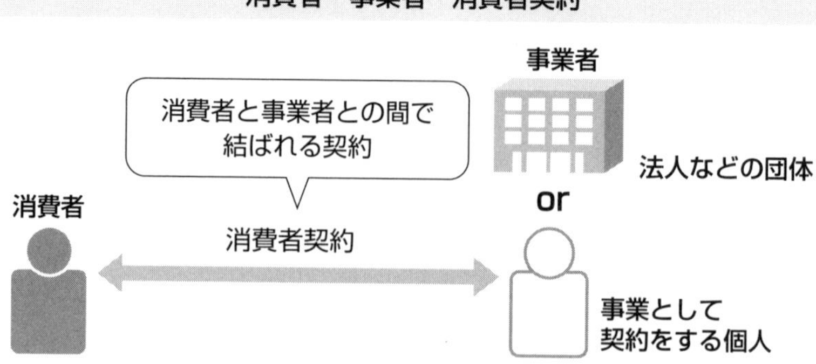

2 消費者取消権

消費者契約そのものがなかったことになる

消費者取消権とは

消費者取消権とは、消費者と事業者の間で締結された契約を、消費者側から取り消すことができる権利です。

契約の申込みや承諾の意思表示の場面においても、民法上の詐欺または強迫が認められれば、「契約を締結する」という意思表示を取り消すことができます。しかし、たとえば民法上の詐欺に該当すると認められるためには、事業者に、①消費者を誤認させようという故意があったこと、②その誤認に基づいて意思表示させようという故意があったこと、の両方について消費者が立証しなければならず、現実に認められるケースは少ないと言われています。

また、特定商取引法では、訪問販売や電話勧誘販売など一定の販売方法により商品や一定の権利が販売された場合に、申込みの撤回または契約の解除（クーリング・オフ）を認めています。ただし、クーリング・オフができる期間は書面交付から8日以内などと短く、手続が遅れると受け付けてもらえませんし、販売方法や権利・役務が特定商取引法の対象から外れたものであると、特定商取引法の保護を受けられません。

このように、他の法律では救済が難しかった消費者でも行使できるのが消費者取消権です（消費者契約法4条）。

どんな場合に問題となるのか

たとえば、防災器具販売の事業者が勧誘の際に、実際にはそのような事実がないにもかかわらず、「今後はこの防災器具を設置しておかないと罰金を徴収される」などと告げ（**不実告知**）、消費者がそれを事実だと勘違いして契約をした場合や、相場の動きが不確実であるにもかかわらず「この商品は今後必ず国際的な価値が上がる」などと説明して（**断定的判断の提供**）、消費者を信用させることがあります。

このように、事業者が消費者契約の勧誘をする際に、消費者に対して重要事項について事実と異なることを告げた結果（不実告知）、告げられた内容が事実であると誤認した場合、将来どうなるかわからない不確実な事柄について、それが確実であるかのような説明をした結果（断定的判断の提供）、その事実を確定的なものと誤認して取引した場合などに、消費者は、当該消費者契約を取り消すことができます。

取消権を行使するとどうなる

実際に消費者取消権が行使されると、取り消された行為は初めから無効であったものとみなされます（民法121条）。そこで、消費者契約の申込みまたはその承諾の意思表示についても同様に、取り消されると申込みも承諾も初めから無効だったものとして扱われます。その結果、当事者は契約の申込みや承諾の意思表示によって生じていた効果について、元通りに戻す義務が生じます（**原状回復義務**）。具体的には次のような行為が必要です。

① 消費者がすでに支払った商品代金等の金銭があれば、事業者はその商品代金等の金銭を消費者に返還する。

② 消費者がすでに受け取った商品等の物があれば、消費者はその商品等の物を事業者に返還する。

返還する際に問題となるのが、目的物を消費者が使用または飲食していた場合です。たとえば、サプリメントの売買契約を取り消した場合、消費者は、手元のサプリメントの返還義務を負うだけでなく、食べた分は金銭に換算して返還義務を負うのが民法の原則です（121条の２）。

しかし、消費者の責任が重くなるため、消費者取消権による原状回復義務の範囲は「現に利益を受けて

消費者取消権の効果

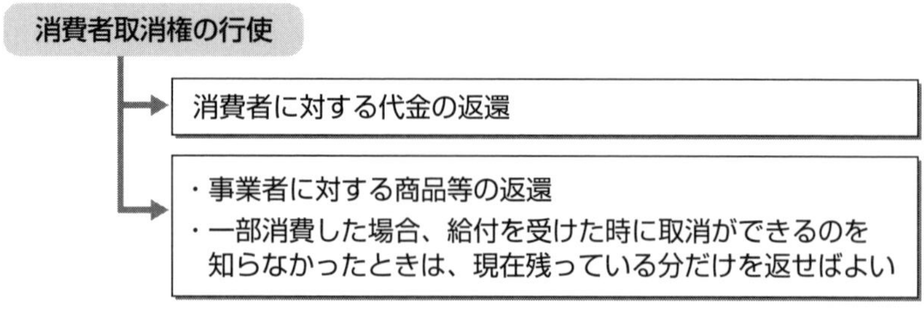

消費者取消権の行使
消費者に対する代金の返還
・事業者に対する商品等の返還
・一部消費した場合、給付を受けた時に取消ができるのを知らなかったときは、現在残っている分だけを返せばよい

いる限度において、返還の義務を負う」（現存利益）としました（消費者契約法６条の２）。これにより、消費者は手元のサプリメントだけを返還すれば足ります。

消費者取消権が認められるケース

内　容	具体例
重要事項について事実と異なることを告げ、消費者を誤認させること	普通の仏像を「これは特別な仏像」とウソをつき、高価な価格で売りつける場合
物品、権利、役務その他の契約の目的となるものに関し、将来におけるその価額、将来において当該消費者が受け取るべき金額その他の将来における変動が不確実な事項につき断定的判断を提供して、消費者を誤認させること	「この株は必ず値上がりします」と不確定な将来の株価変動に対し断言する場合
消費者にある重要事項または当該重要事項に関連する事項について消費者の利益となることを告げ、かつ、重要事項について故意・重過失により消費者の不利益となる事実を告げなかったこと	先物取引で「大幅に利益が出ます」とだけ顧客に伝え、「商品の値下がりで大きく損をすることもある」ことをわざと言わなかった場合
事業者に対し、消費者が、その住居またはその業務を行っている場所から退去すべき意思を示したにもかかわらず、それらの場所から退去しないこと	セールスマンが「商品を買うまで帰らない」と家に居座る場合
事業者が契約の締結について勧誘をしている場所から消費者が退去する意思を示したにもかかわらず、その場所から消費者を退去させないこと	店に鍵をかけ、「帰りたい」と言っている顧客が商品を購入するまで店から出さない場合
契約の目的となるものの分量等が消費者にとっての通常の分量等を著しく超えるものであることを知っていたにもかかわらず、事業者が契約を勧誘したこと	一人暮らしの高齢者に敷布団や掛け布団を何十枚も売りつける場合

※「重要事項」とは、消費者が消費者契約を締結するかどうかについての判断に通常影響を及ぼしている内容のこと。たとえば、消費者契約の目的となるものの質、用途、対価などがある。

3 不利益事実の不告知と取消

不利益事実の不告知が契約締結を決定づけたかどうかが問題になる

不利益事実の不告知とは

事業者と消費者が契約を結ぶ場合、事業者の側は、消費者にとって都合のよいことは大々的に伝えてきますが、反対に消費者にとって不利益になる事実を伝えてこないことがあります。これが**不利益事実の不告知**と呼ばれるものです。

たとえば、契約の目的がエステの施術である場合は「吹き出物がなくなる」「シミ・そばかすが薄くなる」「痩身効果がある」などといった情報、分譲マンションを販売する場合は「日あたり良好」「眺望抜群」「閑静な住宅街」「駅近」などといった情報が消費者にとって利益になるものと考えられます。事業者は契約させたいのですから、このような事実については積極的に伝えてくるでしょう。

これに対して、「かぶれが生じるおそれがある」「災害時に液状化する可能性がある」など、消費者が契約を躊躇するような情報については、事業者の側にしてみれば、消費者に契約をしてもらえなくなる可能性が高くなるので、積極的には伝えてこない可能性があるのです。

そして、事業者が消費者の利益となることだけを説明し、不利益となる事実をわざと伝えなければ、消費者は不利益な事実がないものと思いこんで契約を締結する可能性が高いでしょう。この状況では、事業者と消費者が対等の立場で契約を締結したとはいえません。そのため、事業者が消費者の不利益な事実をわざと告知しなかった結果、契約が結ばれたとしても、消費者は、その契約を取り消すことが認められているのです。また、事業者が重大な過失によって不利益な事実を告知しなかった場合も、消費者は契約を取り消すことができます。

取消の対象となる事実とは

不利益事実の不告知による消費者取消権は、告知しなかった事実がどんな小さな不利益であっても認められるかというと、そうではありません。消費者取消権が行使できるのは、重要事項または重要事項に関連する事項について消費者の利益になることのみを説明し、不利益となる重要事項をわざと（故意に）または重大な過失により説明しなかったため、消費者が不利益な事実が存在しないものと誤信して契約をした場合です。

そこで、事業者が消費者に告知しなかった不利益な事実があったとしても、それが重要事項に該当しない場合や、事業者が告知しなくても消費者が通常であれば不利益な事実の存在を認知できたであろうといえる場合には、消費者取消権は生じないことになります。

重要事項とは

消費者取消権が問題となる場面で「重要事項」とされるのは、契約内容（原材料、大きさ、重量、用途など）または契約条件（価格、支払方法、提供手順など）に関する事項の中で、契約するかどうかという消費者の意思決定を左右するような契約の目的となる事項です。

たとえば、分譲マンションを販売する際、事業者が「日あたりと眺望がいい」という利点を強調して勧誘していたとします。このとき、日あたりがよい分、夏場は室温が非常に高くなるという不利益が生じることを事業者がわざと消費者に伝えなかったとすると、消費者は不利益事実の不告知を理由として契約の取消ができるのでしょうか。

通常は消費者にも予測可能であるので、あらかじめ伝えていたとしても、契約を結ばなかったとはいえません。したがって、当該事実は「重要事項」にはあたらず、これを理由として消費者取消権を行使するのは難しいといえるでしょう。

では、隣地にビルの建設が予定されていて、数年後には一部の部屋の

不利益事実の不告知

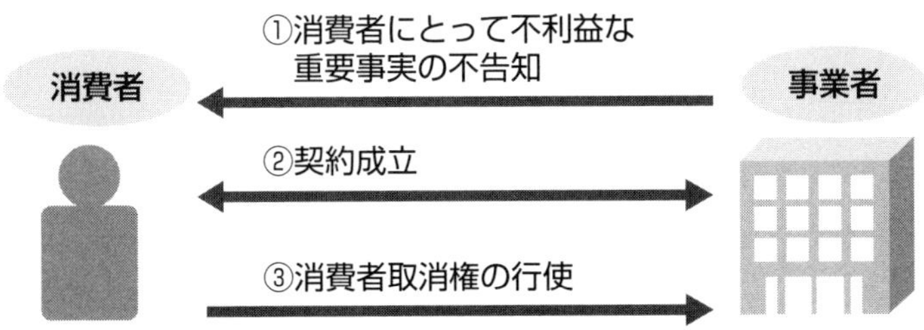

日あたりが悪くなるという事実を事業者が知っていたのに、あえて消費者に言わなかった場合はどうでしょうか。

このとき、消費者が日あたりよりも設備や内装を重視することを契約締結の際に明らかにしていた場合には、日あたりに関する情報は「重要事項」にはあたらないと判断され、消費者取消権が認められない可能性も出てきます。逆に、消費者が日あたりのよさや眺望のよさに惚れこんで契約を決めており、もし隣地にビルが建ってその利点がなくなるのであれば契約をしなかったというような場合、その情報は「契約を締結するか否かについての判断に影響を及ぼすべきもの」、つまり重要事項にあたるということができそうです。

ただ、消費者取消権が認められるためには、さらに不告知について事業者の故意（事実を認識していながらわざとやったこと）または重大な過失が必要です。この事例では、事業者が、①消費者の「日あたり・眺望重視」という希望を知っていた、②隣地にビルが建つという事実を消費者が知らないことを認識していた、という場合には、事業者に故意があったと判断され、消費者取消権の行使が認められるといえます。

このように、表面上は「隣地にビルが建つ」という同じ情報であっても、重要事項にあたるかどうかは、消費者・事業者の状況によって異なることがあります。

取消権が認められない場合

この他、不利益事実の不告知の状況にあっても、消費者取消権が認められない場合があります。それは、事業者が重要事項にあたる不利益な事実を告げようとしたにもかかわらず、消費者がその告知を拒否した場合です（消費者契約法４条２項ただし書）。

たとえば、不動産業者が「契約の際に重要事項を説明したいので、時間をとってほしい」と申し入れたが、消費者が「多忙なので省略してくれてよい」「聞いてもわからないので説明はいらない」などと言って断った、というような場合がこれにあたります。

ただ、事業者の方から、「専門的な用語が多いので、説明を断る人も多いですよ」などと消費者が説明を断るように誘導して契約させた場合には、消費者が自ら告知を拒否したとはいえないので、不利益事実の不告知の状況にある限り、契約を取り消すことが可能です。

4 不退去・退去妨害

消費者の困惑を招く強引な勧誘による契約は取り消すことができる

不退去・退去妨害とはどのようなものか

消費者トラブルでよく問題となるのが「帰ろうとしたのにセールスマンが帰してくれないので仕方なく契約した」「いつまでもセールスマンが帰ってくれないので仕方なく契約した」といったトラブルです。

消費者の住居や職場に、契約締結の勧誘のために訪れた事業者が、消費者の意に反して帰らない（退去しない）ことを**不退去**といいます。消費者を怒鳴りつけて、脅迫的な言動で商品を売りつける押し売りはもちろんですが、言葉づかいや態度は丁寧でも、消費者の「退去してほしい」という意思表示に従わずに居座るのであれば、それは不退去に該当します。

一方、事業者が契約締結の勧誘を行っている場から、消費者が帰りたいという意思表示をしているにもかかわらず、さまざまな理由をつけたり、扉をふさぐ、大勢で取り囲むなどして帰さないことを退去妨害といいます。いわゆる**キャッチ商法**（キャッチセールスのこと）で雑居ビルなどに誘い込み、長時間勧誘を続けるといったことがこれにあたります。事業者が勧誘を行う場というのは営業所など室内だけではありません。路上や車の中など、どのような場所でも該当します。なお、消費者が拘束された時間は関係ありません。つまり、勧誘の場において不退去や退去妨害などの行為があった場合は、時間の長短に関係なく消費者取消権は発生するということになります。

不退去や退去妨害などのような強引な勧誘を受けると、消費者はその場を離れたい一心で、契約の内容をよく理解しないまま契約を締結する（申込または承諾の意思表示をする）ことがあります。

このような消費者心理につけこんだ商法が次々と考え出され、後になって「解約したい」「解約できない」というトラブルに発展するケースが多数発生しました。そのため、不退去や退去妨害により消費者が困惑した結果として契約が結ばれた場合には、その契約を取り消すことを認めたのです。

困惑とはどのようなことなのか

消費者取消権の行使が認められるためには、事業者の不退去や退去妨害によって消費者が「困惑」した事実が必要です。**困惑**とは、消費者が契約について正常な判断を下せないような精神状態に陥っていることを指します。

たとえば、出かける時間が迫っているにもかかわらず、自宅の玄関先で「一つだけでも買ってもらわなければ会社に帰れない」などと言って居座られたとき、「必要のない商品だが、とにかく出かけなければいけないし、仕方ないから一つだけでも買おう」と考える人もいるでしょう。

このように、本来は必要のない商品であるにもかかわらず、事業者の不退去という行為によって困惑させられ、「購入する」という判断をしたという因果関係が認められれば、消費者取消権が発生します。

なお、平成30年の消費者契約法改正により、消費者が困惑して意思表示をしたときに取消が認められる範囲が拡大しました。つまり、ⓐ消費者の社会生活上の経験が乏しいことを利用して消費者の不安を煽る告知をしたり、ⓑ恋愛感情等の人間関係を利用する行為（消費者契約法４条３項３号、４号）、ⓒ加齢等による判断力の低下を利用する行為（５号）ⓓ霊感等の知見を利用する行為（６号）ⓔ契約締結前に債務の内容を実施して原状回復を困難にしたり、契約締結をめざした事業活動をしたことによる損失を補償するよう請求する行為（７号、８号）があった場合にも取消ができるようになりました。

事業者の不退去と消費者取消権

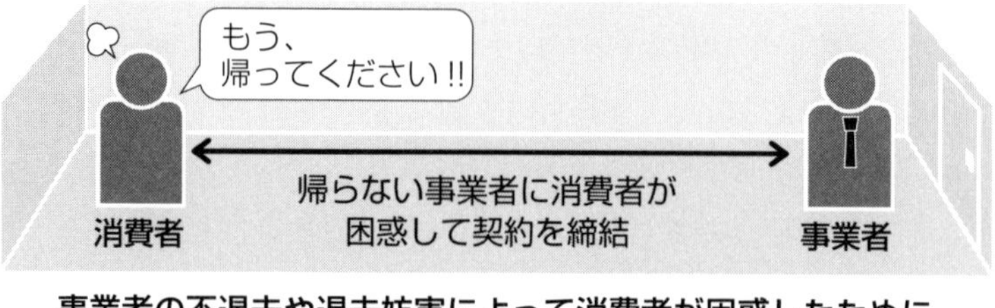
もう、
帰ってください!!
帰らない事業者に消費者が
困惑して契約を締結
消費者
事業者

事業者の不退去や退去妨害によって消費者が困惑したために結んでしまった消費者契約は、取り消すことができる

5 第三者や代理人がいる場合と取消

消費者契約法による取消は善意かつ無過失の第三者には対抗できない

取消によって影響を受ける人もいる

たとえば何らかの契約について、問題が起こり、取り消したとしましょう。このとき、契約の目的物に関係しているのが契約の当事者だけであれば、目的物を元の状態に戻すことは比較的簡単にできますし、仮に元の状態に戻せなかったとしても、その争いによって他人に直接影響を与えるようなことはあまりありません。

しかし、取消の意思表示がなされる前に、その目的物がまったく関係のない第三者の手元に渡っていた場合、目的物を元の状態に戻そうとすると、その第三者に何らかの影響を与えることになります。

たとえば、①Aさんが所有する絵画を、画商Bに売却するという売買契約を締結し、絵画は画商Bに、対価はAさんに渡った、②後日、Bが詐欺・強迫などの行為を行っていたことが判明し、Aさんが契約取消を行った、③Aさんは絵画の返却を求めたが、画商BはAさんから取消の意思表示を受ける前に、顧客のCさんに当該絵画を転売していた、というような場合がこれに該当します。

不実告知などの消費者取消権の行使についても同様です。取り消した本人は消費者トラブルの被害者かもしれませんが、そのような事情を知らずに取引に関わってきた第三者は、取り消されることにより影響を受けることがあるのです。そこで、このような取消をすることで影響を受ける第三者をどのように保護するのかを考えなければなりません。

取り消すとどうなるのか

取り消されると、その商品の購入やサービスの提供に関する契約が初めから無効であった（なかった）とみなされます（民法121条）。この場合、その契約によって発生した状態を元に戻す必要があります（原状回復義務）。前述の例でいうと、絵画の売買契約を取り消したわけですから、絵画を元の持ち主のAさんへ、その対価を画商Bに戻すことによって、売買契約がなかったときの状態に戻すことができます。

ただ、Ａさんから取消の意思表示があるまでは、売買契約は一応効力があると考えられますので、絵画の所有権は「いつ取り消されるかわからない」という不安定な状態にありながらも、画商Ｂにあるものとして扱われることになります。

詐欺や強迫の事実を知らない第三者

取引に加わった第三者に不当な不利益を被らせないため、民法は、詐欺による意思表示の取消は、善意かつ無過失の第三者に対抗できないとのルールを定めています（民法96条３項）。

「善意」とは、法律用語では「事情を知らない」という意味で用います。逆に、「事情を知っている」ことを法律用語では「悪意」といいます。また、「過失」とは「通常の注意を尽くしていない」という意味であり、逆に「無過失」とは、「通常の注意を尽くした」ということです。詐欺の事実について善意かつ無過失とは、通常の注意を尽くしたけれども詐欺の事情を知らなかった、という意味です。

一方、強迫の場合、詐欺のような第三者を保護する規定がありませんので、取消の効力を第三者にも及ぼすことができます。前述の例でいうと、Ａさんが画商Ｂの詐欺を理由に売買契約を取り消した場合は、善意かつ無過失のＣさんから絵画を返還してもらうことができません。しかし、画商Ｂの強迫を理由に売買契約を取り消した場合は、Ｃさんが善意かつ無過失でも絵画を返還してもらうことができます。

このように、詐欺を理由として契約の取消を行う場合において、民法が契約の当事者よりも取引関係に入ってきた第三者の利益を保護する余地を認めているのは、「自分の知らないところで行われた法律行為が誰かに取り消されて、いつ自分の権利や利益を取り上げられることになるかわからない」という不安を抱かずに取引ができるようにするためです。

消費者契約法による取消とは

消費者契約法による取消は、事業者と消費者との間にある情報の質や量、交渉力などの格差によって、消費者が正しい情報を理解することができずに契約したという場合に認められています。消費者契約法は、立場の弱い消費者を保護する目的で規定されているため、民法の詐欺や強迫に基づく取消権よりも行使しやすいのが特徴です。

ただし、消費者契約の申込みまたはその承諾の意思表示の取消は、取り消されるような不当な行為がなされているという事情について善意かつ無過失の第三者に対して主張することができないというルールを定めています。つまり、消費者契約法によって認められている取消権は、事情を知らず、かつ知らないことについて過失がない第三者に対しては効力が及びません。民法上、強迫については善意かつ無過失の第三者に対しても取消の効果を主張できることを考えると、これと比較すると消費者が保護されにくくなっています。

消費者契約法の規定はどうなっているのか

実際の取引では消費者の契約の相手方が事業者本人ではなく仲介者や代理人であることが多いので、直接の取引の相手方が仲介者や代理人である場合にも、消費者取消権を行使できるようにしています。また、消費者の代理人も消費者とみなされます（消費者契約法５条で４条を準用）。たとえば、事業者から媒介（仲介）の委託を受けた者が、契約の際に不実の告知や不利益事実の不告知などをした結果、消費者の代理人が困惑して本人のための契約を締結した場合、消費者は消費者取消権を行使することができます。

錯誤・詐欺・強迫の違い

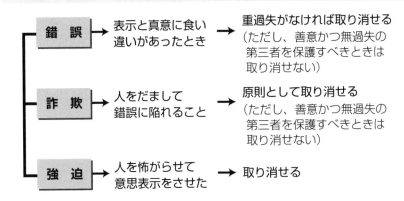

錯　誤	表示と真意に食い違いがあったとき	→ 重過失がなければ取り消せる（ただし、善意かつ無過失の第三者を保護すべきときは取り消せない）
詐　欺	人をだまして錯誤に陥れること	→ 原則として取り消せる（ただし、善意かつ無過失の第三者を保護すべきときは取り消せない）
強　迫	人を怖がらせて意思表示をさせた	→ 取り消せる

6 仲介者や代理人がいる場合

媒介者、代理人の行為は当事者の行為として扱われる

どんな場合に問題となるのか

契約によっては当事者以外の第三者が契約に関わる行為をし、当事者同士は直接顔を合わせたことも、連絡をとったこともないという場合もあります。

たとえば不動産売買の際に、契約をするのは土地や建物の所有者と購入者ですが、所有者が売買の事務手続一切を不動産会社に委託していて、購入者は所有者と会わないまま契約を締結したといった場合や、下宿先の賃貸マンションの契約をする際に、借主が未成年であるため、その親が代わりに不動産会社を訪れて契約をし、当事者である貸主と借主はお互いにその場にいなかったというような場合が考えられます。

このように、代理人や仲介者が介在した場合にも当事者である消費者本人の保護がなされないと、消費者保護は骨抜きにされてしまいます。

契約の際には委託や代理が行われる

消費者に商品やサービスなどを販売する際に、事業者が別の事業者（第三者）に**媒介**（両方の間に入って仲立ちすること）を委託することはよくあります。媒介を委託された事業者は、広告や勧誘などの営業活動や、商品やサービスなどについての説明、消費者との契約締結事務といったことを行います。

具体的には、分譲マンションの売主がモデルルーム運営や契約時の重要事項説明といった販売に関する事務全般について、宅地建物取引を専門とする不動産会社に委託する場合や、損害保険会社が保険商品の販売を代理店に委託する場合、携帯電話会社が家電量販店等に電話機販売を委託する場合などがこれにあたります。

一方、**代理**とは、本人に代わって第三者（代理人）が法律行為をすることです。代理人が本人のためにすることを示してした意思表示は、本人に直接その効力を生じます（民法99条１項）。

たとえば代理人が本人に代わって不動産を購入する契約を締結した場

合、その不動産の所有権は本人が持つことになるわけです。代理制度には、法定代理と任意代理があります。

消費者契約法の規定はどうなっているのか

実際の取引では消費者の契約の相手方が事業者本人ではなく受託者（仲介者）や代理人であることが多いので、このような場合についても不実告知などの事由があれば消費者取消権を行使できるようにしています。事業者から委託を受けた者からさらに委託を受けた者や、事業者の代理人からさらに代理人として選任された者（復代理人といいます）が契約の相手方となった場合も同様です。

また、消費者が代理人を選任して契約をする場合もあります。消費者契約法においては、消費者が代理人を選任して契約したときは、消費者の代理人も消費者とみなすことで消費者取消権が行使できる範囲を広げています。消費者の代理人がさらに代理人（復代理人）を選任していた場合も同様です（消費者契約法５条で４条を準用）。

つまり、事業者から媒介の委託を受けた者が、契約の際にウソの事実を伝えたり、重要な事実を伝えなかった結果、消費者の代理人が困惑して本人のための契約を締結した場合でも、消費者は消費者取消権を行使できるということです。

受託者・代理人がいる場合の契約と消費者取消権

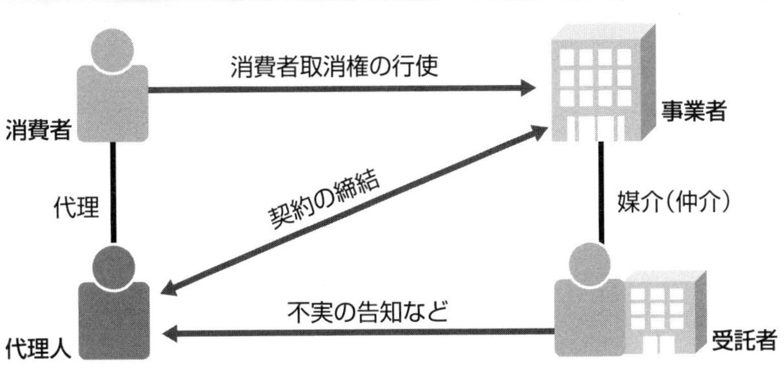

7 取消権の期間と権利行使

追認できる時から１年という行使期間が定められている

取消権の行使期間とは

何らかの原因で法律行為の取消権が生じた場合、取消権者が「その法律行為を取り消す」という意思表示をすることによって**取消権**を行使することができます。

ただ、取消権の行使は、無期限にいつでも行えるわけではありません。権利の行使期間については**消滅時効**という制度があり、取消権の原則のルールを定めている民法では、取消権は追認をすることができる時から５年間行使しないときは消滅する、と定められています。また、行為をした時から20年を経過したときも取消権は消滅します（民法126条）。つまり、取消権は行使できる期間が定められていて、その期間を過ぎると取り消すことができなくなってしまうのです。

消費者取消権の行使期間とは

一定の不当な勧誘行為が行われた場合に消費者が行使できる消費者取消権についても行使期間に制限があります。

具体的には、消費者取消権は追認をすることができる時から１年間行わないときは、時効によって消滅します。また、取り消すことができる消費者契約の締結の時から５年を経過したときも、消滅します。民法の規定が追認できる時から５年、行為のときから20年であるのに比べると、消費者契約法の時効までの期間はかなり短く設定されているといえます。

消費者は契約を取り消さなくてもよい

消費者は契約を取り消さず、追認することもできます。

追認とは、取消権者が、自分に取消権があることを知っていながら、あえてその権利を行使しないことを意思表示することをいいます。ただ、追認にはその契約を確実に成立させる効果があるわけですから、追認を行う際には少なくとも消費者が取消の原因となるような状況から解放され、正常な判断を下せるようになっていなければなりません。

たとえば、誤認の場合であれば誤認に気づいたとき、困惑の場合であれば事業者が消費者の自宅などから退去し、または消費者が勧誘の場から退去して困惑から脱したとき、ということになります。そして、追認できる時から１年が経過した場合には、もはや取消権を行使することができなくなるのです。

消費者取消権の行使が制限される場合もある

取消権が生じるには、民法上の詐欺や強迫にせよ、消費者契約法による取消権にせよ、法律上の理由が必要です。当事者の一方はそれによって本意ではない契約を強いられるなどの不利益を被っているので、本来、いつでも取り消せるようになっていてほしいところです。

しかし、ある行為をいつ取り消されるかわからない不安定な状態に置いておくことは、取引社会にとって信頼を欠く状態を作るということにつながります。

当事者だけでなく何も知らない第三者にまで損害を与えるような状況を長く放置しないために、取消権の行使期間には制限が設けられています。

なお、株式や出資の引受け、公益財団法人などの基金への拠出といった行為が消費者契約として行われた場合、消費者取消権は行使できません。出資行為が取り消されると、多数の利害関係人に影響を与えるため、取消権の行使が制限されています。

消費者取消権の行使期間

民　法

消滅時効の期間は、
- 追認できる時から５年
- 行為（契約）の時から20年

⟷

消費者契約法

消滅時効の期間は、
- 追認できる時から１年
- 消費者契約締結の時から５年

8 債務不履行責任の免責特約

債務不履行責任の全部を免除する特約は無効とされる

債務不履行責任の全部を免除する特約の効力

契約を結んだ以上、債務は履行されなければなりませんが、実際には、①履行時期に来ている債務が履行されない場合（履行遅滞）、②何らかの問題により、債務の履行が不可能になった場合（履行不能）、③履行は一応されたが、一部が不完全である場合（不完全履行）が生じることもあります。

このような場合、消費者は事業者に対して**債務不履行**（契約で定めた約束事を守らないこと）を理由に損害賠償請求することができます。

しかし、事業者としては、後から問題が発覚した際、責任を負うことを避けたいため、契約であらかじめ「損害賠償の責任を免除する条項」を置くことがあります。たとえば「この契約の履行において消費者に何らかの損害が生じたとしても、事業者は一切損害賠償責任を負わない」「事業者の過失の有無を問わず、損害賠償責任は負わないものとする」「契約履行後に不具合が見つかったとしても、事業者に責任はないものとする」といった内容のものがこれにあたります。

このような債務不履行責任の全部を免除する規定が事業者側にのみ有利なものであることは、一見しただけでもわかります。消費者と事業者との消費者契約において、たとえ事業者の債務不履行について、損害賠償責任の全部を免除する条項を置いたとしても、そのような条項は無効になります。その結果、事業者は、特約の条項にかかわらず、民法やその他の法律に基づいて債務不履行責任を負うことになります。

債務不履行責任の一部を免除する特約の効力

債務不履行によって消費者に生じた損害のうち一定額までは賠償に応じるが、それ以上の賠償には応じない旨の定めのように、事業者の責任を（全部ではなく）一部だけ免除する条項（一部免責条項）を消費者と事業者の間で定めた場合、そのような条項は有効なのでしょうか。

債務不履行の一部免責条項については、全責任を免除する場合とは異なり、すべてが無効になるわけではありません。事業者に故意（わざと債務不履行をした場合）または重過失（著しい不注意により債務不履行となった場合）がある場合にまで、債務不履行責任の一部免除を認めている場合には、その条項は無効となります。

「損害賠償責任を免除する条項が無効になる」という点は、全部を免除する条項と同じなのですが、全部免除の条項が無条件に無効となるのに対し、一部免除の条項は債務不履行の原因が当該事業者、その代表者またはその使用する者の故意または重過失（重大な過失）によるものだけに限定されているという点に違いがあります。事業者側に故意や重過失がある場合にまで一部免除を認めるのは消費者保護に欠ける、というわけです。

なお、損害賠償責任の全部を免除する条項と違い、一部を免除する条項は、事業者が責任の一端を負うことを認めるものなので、消費者は免除された部分以外の賠償を受けることはできます。

無効とされる免責特約

平成30年消費者契約法改正により、事業者自身に債務不履行による損害賠償責任の有無を決定する権限を与える条項は無効とされました。さらに、債務不履行について事業者の故意または重過失がある場合に、事業者自身に損害賠償責任の限度を決定する権限を与える条項も無効とされました。

債務不履行責任の一部免責規定の例

第○条　事業者が民法第415条の規定に基づいて損害賠償の責任を負担する場合、20万円を負担額の上限とする。ただし、当該事業者に故意又は重過失がある場合には生じた損害の全部について賠償する責任を負う。

↑

事業者に故意・重過失がある場合には一部免除は認められない

9 不法行為責任の免責特約

不法行為責任の全部を免除する特約は無効

不法行為責任の全部を免除する特約の効力

消費者契約法は、債務の履行の際に、事業者の不法行為により消費者に生じた損害について、その賠償責任の全部を免除する条項を置いたとしても、無効になると規定しています。

つまり、たとえ契約書の中に「いかなる事由においても当社は一切損害賠償責任を負いません」「従業員の行為による損害については、当社は一切責任を負いません」などの特約があったとしても、事業者が不法行為をしたのであれば、損害賠償責任を免れることはできないことになります。

不法行為責任は、不法行為を行った者自身に対して責任追及する場合の他に、その者の使用者に対しても責任追及できる使用者責任があります（民法715条）。

不法行為責任の全部を免除するような条項を置いたとしても、そのような条項は消費者契約法により無効となるので、使用者責任の全部を免除する条項についても同様に無効となります。

ただ、契約の条項が無効とされることと、実際に損害賠償を受けることができるかどうかは別の問題です。たとえば損害を生じさせた行為が実際には事業者には責任がなく、不法行為の要件を満たさない場合には、そもそも事業者に責任があるとはいえないので、消費者は損害賠償を受けられないことになります。

不法行為責任の一部を免除する特約の効力

消費者と事業者の間では、不法行為による損害賠償責任の全部ではなく、一部を免除する約束をすることがあります。

たとえば、エステのサービスを受ける契約を解約しようとしたところ、連日脅迫（強迫）され、精神的な苦痛により２か月間働けなくなり、総額40万円近い損失を被ったとします。しかし、当初の契約で「事業者の責任により生じた損害を賠償する場合、

10万円を上限とする」という特約を定めていた場合、10万円しか賠償金を支払ってもらえないのでしょうか。

不法行為による損害賠償責任の一部を免除するような条項については、当該事業者に故意または重過失がある場合にまで、不法行為責任の一部免除を認める条項であれば、その条項は無効になります。つまり、責任の全部を免除する条項の場合と違い、事業者やその従業員に故意または重過失がない場合に不法行為によって生じた損害の一部を免除する旨の規定は有効です。

したがって、「事業者の故意・重過失による不法行為を除き、損害賠償責任の限度は10万円とする」などのように、故意・重過失の場合に責任を負うことを明確にしていれば、一部免除を規定していても有効となります。

逆に、責任の一部免除の条項が無効となった場合には、不法行為責任や、使用者責任に基づいて生じた全範囲の損害賠償責任が生じることになります。

なお、平成30年の消費者契約法改正により、事業者自身に不法行為による損害賠償責任の有無を決定する権限を与える条項は無効とされました。事業者が責任の有無を決められるとすれば、責任の全部を免除するのと変わりないからです。さらに、不法行為について事業者の故意または重過失がある場合に、事業者自身に損害賠償責任の限度を決定する権限を与える条項も無効とされました。事業者が責任の限度を決められるとすれば、責任の一部を免除するのと変わりないからです。

不法行為責任の一部免除規定の例

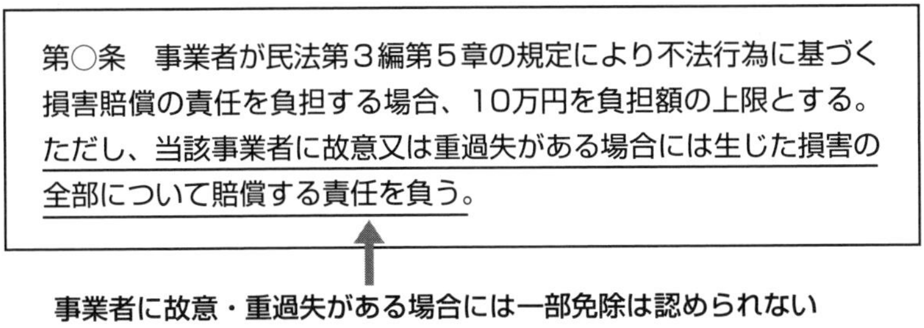

第○条　事業者が民法第３編第５章の規定により不法行為に基づく損害賠償の責任を負担する場合、10万円を負担額の上限とする。ただし、当該事業者に故意又は重過失がある場合には生じた損害の全部について賠償する責任を負う。
事業者に故意・重過失がある場合には一部免除は認められない

10 契約不適合責任の免責特約

原則としては債務不履行責任の免責特約と同じように考える

改正前民法の瑕疵担保責任の免責特約

平成29年の民法改正前においては瑕疵担保責任が定められていました。当時の消費者契約法は、消費者契約において瑕疵担保責任を回避する条項を定める場合について、消費者契約が有償契約であるときに、隠れた瑕疵（欠陥）により消費者に生じた事業者の損害賠償責任の全部を免除する条項を無効としていました。

有償契約とは、「物と金銭」「役務と金銭」というように当事者双方が互いに対価的な給付をする契約です。消費者契約のほとんどはこの有償契約に該当します。

ただし、事業者または他の事業者が「瑕疵のない物をもってこれに代える責任又は当該瑕疵を修補する責任を負う」場合には、全部免除条項が例外的に有効となるとしていました。

一方、事業者の瑕疵担保責任の一部を免除する条項は、その効力が問題なく認められていました。つまり、免責された部分については、消費者は事業者に対して瑕疵担保責任に基づく損害賠償責任を追及できないとされていました。

契約不適合責任の免責特約

平成29年の民法改正では、上記の瑕疵担保責任を廃止すると共に、代わりに**契約不適合責任**を導入しました。契約不適合責任とは、特に売買契約の目的物の種類・品質・数量・権利に関して契約の趣旨に適合しないときに、買主が売主に対して、履行追完請求権、代金減額請求権、損害賠償請求権、契約解除権を行使できるとする制度です（民法562条～564条）。

損害賠償請求権や契約解除権が債務不履行の規定に基づき行われるので、契約不適合責任は債務不履行責任のひとつと位置づけられています。そのため、免責特約の有効性についても、原則として「債務不履行責任の免責特約」（56ページ）と同様に考えます。

つまり、全部免除条項および故意

または重過失がある場合の一部免除条項を無効とするのを原則とします。

ただし、契約不適合責任の全部または一部を免除するとしているものの、損害賠償以外の方法で一定の責任を負う旨の規定が置かれる場合があります。このような補償規定があれば、契約不適合責任の免除を認めても消費者に不利益になりません。

そこで、目的物の種類・品質に契約不適合がある場合の損害賠償責任の全部または一部を免除する条項を定めていても、そのような免責条項が無効とならないケースを認めています（消費者契約法８条２項）。

つまり、消費者契約が有償契約であって、①事業者が、消費者に対して、履行追完責任（欠陥のない目的物と交換する、欠陥を修理・補修するなど）もしくは代金（報酬）減額責任を負うとする場合、または②他の事業者（受託者など）が、消費者に対して、損害賠償責任もしくは履行追完責任を負うとする場合には、免責条項が無効となりません。

契約不適合責任の免除条項が有効とされる場合

第○条　購入した商品の種類又は品質に契約不適合がある場合、当社は返金などの賠償責任は一切負わない。ただし、目的物が１か月以内に事業者の責めに帰するべき事由で故障した場合、同種・同等の新品と交換する。

第○条　購入した商品の種類又は品質に契約不適合がある場合、当社は返金などの賠償責任は一切負わない。ただし、当該契約不適合に対する損害賠償等の責任は、○○社が負うものとする。

このような定めがあれば、契約不適合責任の免除条項は有効となる

11 高額の違約金を定める契約

妥当性のある範囲を超える部分については無効

賠償額が決められていることがある

消費者契約は本来、事業者と消費者が対等な立場ですべき契約ですから、場合によっては消費者ではなく、事業者側が損害を被ることもあり得ます。たとえば、あるホテルで「同窓会を開催したい」との依頼を受け、部屋を手配し、料理や給仕人などの準備をしていたにもかかわらず、寸前になってキャンセルの連絡が入ったという場合があります。この事例ではホテル側はキャンセルにより会場利用料の収入を得られないだけでなく、予約期間中、別の予約の申出があっても受けられず、すでに購入していた食材がムダになるなどの形で損害を受けています。

このように、将来債務不履行で損害が生じた場合に備え、契約の時点で「キャンセル料」「違約金」などの名目で、損害賠償金の額（予定賠償額）をあらかじめ決めておくことがあります。このような措置を**損害賠償額の予定**といいます。

違約金の金額は制限されている

損害賠償額の予定は当事者の約束で定めることができます。そして、定められた額が一方にとって不利な金額であったとしても、それは当事者が納得して定めた金額であるため、基本的には裁判所がそれを増減させることはできません。しかし、このような原則を貫いてしまうと法律や契約に詳しくない消費者があまりにも過大な損害賠償額を負担しなければならない事態が生じるおそれがあります。

そこで、消費者契約法９条では、消費者の一定の利益を保護することを目的として、消費者契約の解除に伴う損害賠償の額や違約金を定めたとしても、事業者に生ずべき平均的な損害の額を超える賠償額を予定した場合には、その超える部分を無効としています（９条１項)。

つまり、予定される損害賠償の額または違約金の額が、解除の事由や時期などの取引の実情などから見て、同種の消費者契約が解除された場合に事業者に生じる平均的損害として妥当性のある範囲であればその条項は有効となりますが、その範囲を超える部分については無効として扱われます。

たとえば、ホテルのキャンセルにおいて、「１か月前のキャンセルは利用料の５％、２週間前は20％、前日は50％」などのようにキャンセルの時期によってキャンセル料を設定している場合、設定されているキャンセル料の金額がその事由や時期に応じて他の同業者の規定している内容と同等であれば、その条項は平均的な損害を超えないものとしてそのまま有効とされる可能性が高いです。

しかし、「キャンセルの場合、その時期を問わず利用料の80％のキャンセル料を申し受けます」などのように一律の定め方をしていると、平均的な損害を超える部分を含む可能性があり、その「平均的な損害の額を超える」部分は無効となります。

遅延賠償の上限額が定められている

消費者の金銭支払債務の履行が遅れた場合の損害賠償額をあらかじめ定める場合、年14.6％の利率を超える損害賠償額を設定しても、その超える部分は無効になり、年14.6％の利率で計算されることになります（９条２項）。ここで予定される損害賠償は**遅延賠償**などと呼ばれます。

賠償額の予定

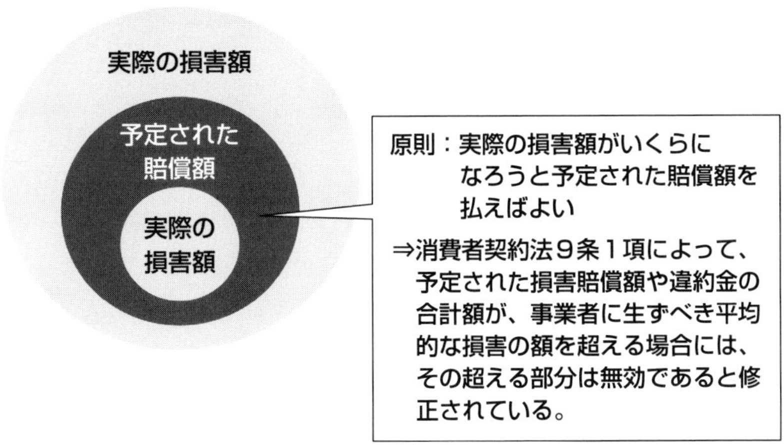

実際の損害額
予定された賠償額
実際の損害額
原則：実際の損害額がいくらになろうと予定された賠償額を払えばよい
⇒消費者契約法９条１項によって、予定された損害賠償額や違約金の合計額が、事業者に生ずべき平均的な損害の額を超える場合には、その超える部分は無効であると修正されている。

12 消費者の利益を一方的に害する規定

消費者が当然に受けられると認識している利益は原則として守られる

消費者に不利な契約の効力はたくさんある

不適切な契約条項によって消費者に不利益が生じる可能性があるのは、損害賠償に関連することだけではありません。たとえば、単品の商品を購入する契約であるのに、「消費者側が契約締結後に特別な手続をしなければ、自動的に定期購入契約に切り替わる」という内容の条項は、消費者の利益を一方的に害するものといえます。つまり、消費者側の不作為（特別な行為を行わないこと）を、新たな契約（定期購入）の申込または承諾とみなしていることになるため、単品購入が目的である消費者には大きな負担を負わせていることになります。

この他にも、消費者の利益を害する契約や約款の定めにはさまざまなものがありますが、民法や商法などにある任意規定（当事者の合意が優先する規定）と比べて、消費者の権利を制限し、または消費者の義務を加重する消費者契約の条項で、消費者の利益を一方的に害するものは、無効になると規定されています（消費者契約法10条）。前述した消費者の不作為を新たな契約の申込みまたは承諾とみなす条項も、同条により無効になります。

たとえば、消費者の契約解除権を剥奪したり、条件を設定する条項は、無効とされる可能性が高くなります。具体的には、①「消費者からの契約解除は、いかなる理由があっても認めない」という条項や②「消費者が事業者の責めに帰する事由を主張して契約解除を申し出る場合には、その事由を自ら証明することを要する」などといった条項がこれにあたります。

前者（①）の条項は、消費者が民法上は本来持っている契約の履行が遅れたこと（履行遅滞）による解除権（民法541条）や、契約の全部または一部が履行できなくなったこと（履行不能）による解除権（民法542条１項１号）を一方的に侵害しているため無効になります。

後者（②）の条項は、民法では事業者が「事業者の責めに帰する事由がないこと」を証明する責任があるのに、消費者に「事業者の責めに帰する事由があること」の証明を求めており、事業者が負うべき証明責任を消費者に転嫁するため、消費者保護の観点から無効とされるのです。

消費者庁のホームページでも、消費者契約法の詳細な解説が掲載されていますので、参考にしてみるのがよいでしょう。

判例で消費者契約法10条が問題となったケース

アパートやマンションの賃貸借契約では、あらかじめ契約書に「更新の際に更新料を支払う」といった規定が置かれていることがあります。

更新料とは、賃貸借契約の期間が終了し、契約の更新をしようとする際に、賃借人から賃貸人に支払われる金銭です。この更新料条項が消費者の利益を一方的に害するものとして、消費者契約法10条に違反するのではないかが近年訴訟で争われてきました。地裁では無効とする判断が下されたこともあったのですが、最高裁は「賃貸借契約書に一義的かつ具体例に記載された更新料条項は、更新料の金額が賃料の額、賃貸借契約が更新される期間等に照らし高額過ぎるなどの特段の事情がない限り消費者契約法10条違反にはならない」という判断をしています。

無効とされる規定の例

第○条　本契約の履行について民法で定める債務不履行責任が問題となった場合、甲が一切の立証の負担を負うものとする。

帰責事由がないことは債務者の立場にある者が証明しなければならないのに、一方的に甲（消費者のこと）の立証責任を加重しているので無効

13 消費者契約法と他の法律との関係

民法・商法とそれ以外の法律で関係性が異なる

民法・商法との関係はどうなっているのか

消費者契約法は、民法・商法をはじめとする既存の法律だけでは保護しきれなかった消費者の権利を保護することを目的として制定された法律です。

たとえば、消費者契約法４条は、勧誘に際し、事業者が事実と異なることを告げたことにより、消費者が誤認をして契約の申込みや承諾の意思表示をした場合に、これを取り消すことができる旨が規定されています。ただ、消費者が誤認していたことを認識した後で代金を支払うなど、契約の申込みや承諾の意思表示を追認するような行為をした場合の取消権の扱いなどについては特に規定されていません。追認とは、不安定な法律状態を事後的に確定的なものにする当事者の意思表示で、取り消すことができる行為などを後から認めることです。消費者契約において消費者が追認にあたる行為をしたときはどうなるのでしょうか。

消費者契約法は、消費者契約の申込みや承諾の意思表示の取消、消費者契約の条項の効力については、消費者契約法に特段の規定がない場合には、民法や商法の規定によって判断されるということを規定しています（11条１項）。

したがって、先ほどの例では、誤認を認識した後の代金の支払いは「全部又は一部の履行」にあたり、民法の規定により、追認をしたものとして扱われ（法定追認、125条）、取消が認められなくなります。

その他の法律との関係はどうなっているのか

消費者契約法は、民法・商法だけでなく、これ以外の法律とも適用が重なる場合があります。

たとえば宅地建物取引業法38条には、「宅地建物取引業者が自ら売主となる宅地又は建物の売買契約については、宅地建物取引業者は当事者の債務不履行を理由とする契約の解除に伴う損害賠償額の予定等については代金の20％を上限とし、20％を超える部分については無効とする」旨の規定があります。

一方、消費者契約法９条１項によれば、平均的な損害額までは損害賠償額の予定をすることが認められており、相反する規定ということになります。

このような場合、消費者契約法は消費者契約（消費者と事業者が結んだ契約のこと）の申込みや承諾の意思表示の取消、消費者契約の条項の効力について民法や商法以外の他の法律に別段の定めがあるときは、その定めるところによると規定しています（11条２項）。

つまり、それぞれの業界の特別な事情を勘案（考慮）して制定されている法律（個別法）があり、そこで特段の規定が置かれている場合は、個別法を優先するよう規定されているわけです。前述した事例では宅地建物取引業法の規定が優先的に適用されることになります。

なお、消費者契約法とは要件が異なる個別法の規定については、一方が他方に優先する関係にはなく、いずれの規定も適用されます。たとえば、消費者契約法に基づく消費者取消権と特定商取引法に基づくクーリング・オフのいずれも要件を満たす場合には、消費者取消権とクーリング・オフのどちらを選んで行使してもよいことになります。

消費者契約法と他の法律との関係

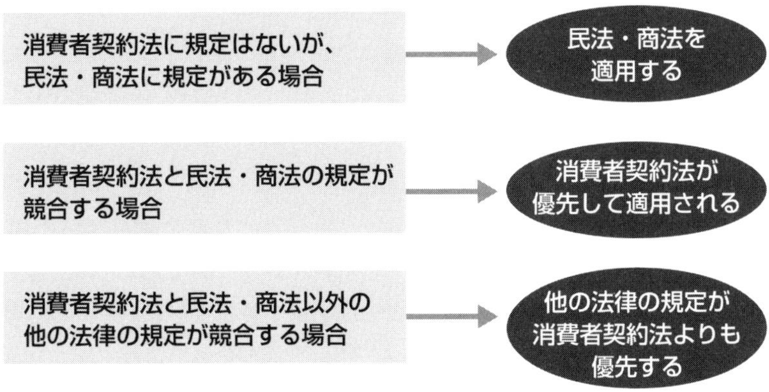

消費者契約法に規定はないが、民法・商法に規定がある場合
民法・商法を適用する
消費者契約法と民法・商法の規定が競合する場合
消費者契約法が優先して適用される
消費者契約法と民法・商法以外の他の法律の規定が競合する場合
他の法律の規定が消費者契約法よりも優先する

14 消費者団体訴訟

被害拡大の抑止力として制度化された

どんな制度なのか

消費者団体訴訟制度とは、内閣総理大臣の認定を受けた消費者団体（**適格消費者団体**という）に事業者の不当な行為に対する**差止請求権**を認めるという制度です。

また、消費者団体訴訟制度は消費者契約法関連のトラブルだけでなく、特定商取引法や景品表示法をめぐるトラブルも対象に含まれます。つまり、内閣総理大臣の認定を受けた適格消費者団体は、消費者契約法だけでなく、特定商取引法や景品表示法上の不当な行為についても差止請求を行うことができます。

消費者契約法の制定により、個々の消費者が事業者の不当な行為によって損害を受けた後でも、消費者契約法の定める取消権の行使や契約条項の無効といった法律上の保護を受けることができるようになりました。ただ、消費者契約においては、事業者が不特定多数の消費者を対象として事業を展開しているため、同様の被害が多数発生するという性質を持っており、被害が生じた後で事後的に個々の消費者を救済するだけでは十分な対応をとることが難しい状況にありました。

そこで、消費者被害の発生または拡大を防止するため、原因となる事業者の不当行為そのものを抑止する手段として、消費者団体訴訟制度が導入されました。

適格消費者団体とは

消費者問題に取り組む団体は、全国に数多くありますが、事業者に対して差止請求を行うことができる適格消費者団体の数は、令和３年５月末時点で21団体あります。適格消費者団体にだけ差止請求権を認めているのは、差止請求が、本来は自由に行えるはずの事業活動を制限するという行為だからです。

つまり、十分な情報収集をせず、消費者の一方的な訴えだけを鵜呑みにして差止請求を乱発したり、営業妨害や不当利得（法律上の正当な理由がないのに利益を受け、それによって他人に損失を与えていること）を目的として差止請求を行うようなことになると、事業主の営業活動が不当に害されるおそれがあります。このため、真に消費者の権利を保護するという目的で差止請求をしている団体であるかどうかを国が確認した上で、その団体に差止請求権を与えているのです。

適格消費者団体として認定されるためには、①差止請求業務を適正に遂行するための組織体制や業務規程が適切に整備されていること、②差止請求関係業務を適正に遂行する上で十分な経理的基礎があること、③差止請求関係業務以外の業務を行う場合に、その業務を行うことによって差止請求関係業務の適正な遂行に支障を及ぼすおそれがないこと、といった要件を満たした上で、内閣総理大臣に申請することが必要です。

差止請求の対象と差止請求を行う場合の手続

差止請求の対象となる行為とは、事業者が真実でないことを述べて勧誘した場合や、消費者にとって不利益になる事実を伝えていなかったような場合です。また、契約書に事業者の損害賠償責任を全額免除する条項や消費者を一方的に害する条項など、消費者契約法に反する規定が置かれていた場合も差止請求の対象になります。

このような事態が明らかとなった場合に、適格消費者団体は、事業者に対し、当該不当勧誘行為をやめるように求める、当該不当条項を規定した契約を締結しないように求める（停止・予防）、事業者が作成した従

消費者団体訴訟の対象

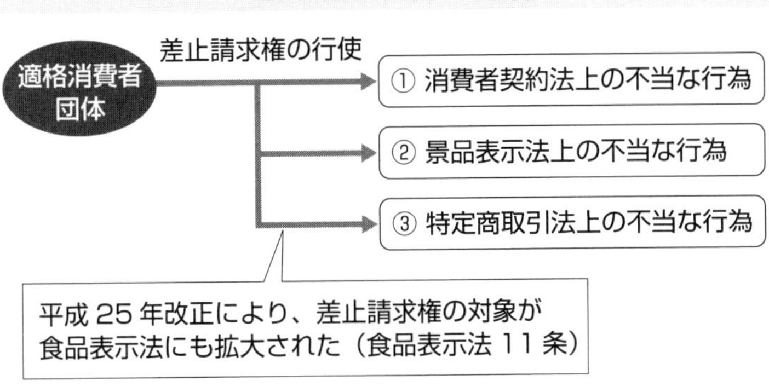

業員向けの勧誘マニュアルなどの廃棄を求める（停止・予防に必要な措置）といった内容の請求をすることができます。

ただ、その適格消費者団体や第三者の不正な利益を図ることや、当該事業者等に損害を加えることを目的とする場合など、請求者側に不正な目的がある場合には差止請求はできません。

また、差止請求権は他の消費者団体と連携協力を図った上で適切に行使しなければならず、団体の従業員は差止を行う際に知ることができた消費者の秘密（個人情報など）を漏えいしてはいけません。

消費者団体訴訟制度を活用して裁判所に差止請求を提起したいという場合、基本的には一般の民事訴訟と同様の民事訴訟法の規定に従って手続をすることになりますが、紛争の早期解決を目的とした特別の手続も用意されています。

① 書面による事前の請求

適格消費者団体が裁判所に対し、差止請求に係る訴えをする場合、相手方事業者に対してあらかじめ書面によって請求することが必要です。その書面の到達後、１週間が経過して初めて、訴えを提起することが認められます（消費者契約法41条）。差止請求はあくまで事業者の不当な行為の是正を求めるものですから、書面での請求で消費者契約法に反する行為の是正が行われた場合には訴訟を起こす必要がなくなるからです。

② 不当な行為が行われた地で訴えることができる

民事訴訟のルールでは、実際に裁判を担当する裁判所は被告となる事業者の本店（本社）所在地を管轄（裁判所がその事件を担当すること）する裁判所等と定められています。これは、被告はある日突然訴えられる可能性があるにもかかわらず、住居から遠いところの裁判所まで行かなければならないとすると、被告にとって多大な負担となるからです。

ただ、消費者団体訴訟制度による差止請求の場合には、事業者の行為があった地を管轄する裁判所に提起してもよいことになっています（消費者契約法43条）。

消費者団体訴訟を提起される事業者の中には、本店所在地をあちこちに移して訴訟提起から逃れようとする企業も多くあるため、不当な行為が行われた場所で、訴えを起こすことができるようにしたのです。

情報提供や開示とは

消費者団体訴訟制度の対象となるような事件は、その情報を知らない消費者が新たな被害者になるという形で拡大していく性質を持っているので、消費者に情報を提供することにより被害を未然に防ぐことが可能です。そこで、適格消費者団体は、消費者に対して、差止請求についての裁判所の判断や裁判外の和解の内容など必要な情報を提供するように努めなければならないとされています。

罰則は定められておらず、情報提供の方法についても特に明確な様式等はありませんが、現在適格消費者団体に認定されている団体はホームページや機関紙などの手段を用い、申入書や意見書を送付した事実や事業者側の対応といった情報の提供を行っています。

消費者団体訴訟の問題点

消費者団体訴訟制度を利用しても、不法行為に対して差止請求できるだけで、違法行為を行った事業者に対して金銭の支払いを求める損害賠償請求をすることはできません。そのため、被害者の救済のために、消費者団体訴訟に損害賠償請求権を認めるべきだ、という意見も指摘されています。

訴え提起前の書面による事前請求

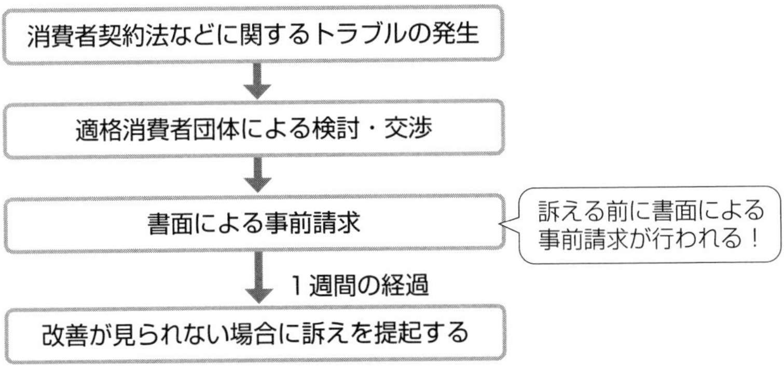
消費者契約法などに関するトラブルの発生
適格消費者団体による検討・交渉
書面による事前請求
訴える前に書面による事前請求が行われる！
1週間の経過
改善が見られない場合に訴えを提起する

Column

消費者取消権を行使できる類型についての改正

平成30年６月に改正消費者契約法が成立し、令和元年６月に施行されました。特に消費者取消権を行使できる「困惑の原因となる行為類型」が追加されたことが注目されます。

具体的には、①社会生活上の経験不足の不当な利用、②加齢等による判断力の低下の不当な利用、③霊感等による知見を用いた告知、④契約締結前における債務の内容の実施等という行為類型が追加されています。

①の類型は「消費者の不安を煽る告知」「恋愛感情等に乗じた人間関係の濫用」の２つに区分されます。前者は、消費者が一定の重要な事項（進学、就職、結婚、生計、容姿、体型など）に対する願望の実現に過大な不安を抱いていることに乗じた勧誘行為です。後者は、消費者が勧誘者に恋愛感情などを抱き、かつ、勧誘者も消費者に恋愛感情などを抱いていると誤信していることに乗じた勧誘行為です。いわゆる「デート商法」などが該当します。

②の類型は、消費者が年齢や精神的な障害などにより契約の締結に合理的な判断ができない事情に乗じた勧誘行為です。たとえば、加齢や認知症などを理由とする判断力の低下に乗じた勧誘行為が挙げられます。

③の類型は、いわゆる「霊感商法」などが該当します。霊感などの合理的な実証が困難な特別な能力による知見を利用し、消費者の不安を煽る勧誘行為です。

④の類型は、契約締結前に、事業者が消費者にサービスなどを実施し、消費者に心理的負担を抱かせ、契約締結を迫る勧誘行為です。たとえば、ガソリンスタンドでの給油中に、頼んでもいないワイパーの交換を勝手に行い、その費用を請求する場合が挙げられます。

第3章

特定商取引法のしくみ

1 特定商取引法と規制内容

特定の取引について消費者をトラブルから守っている

特定商取引法とは

特定商取引法は、消費者と事業者との間で特にトラブルになることが多い取引を特定商取引として取り上げ、その取引をする際のルールを定めています。

特定商取引法が定める特定商取引とは、①訪問販売、②通信販売、③電話勧誘販売、④連鎖販売取引、⑤特定継続的役務提供、⑥業務提供誘引販売取引、⑦訪問購入の７種類です。

また、未購入の商品が突然を送り付けられた場合（ネガティブオプション）の取扱いについてもルールを定めています。

①　訪問販売

訪問販売とは、事業者の営業所等（営業所、代理店、展示会場などの施設）以外の場所で行われる取引です。

自宅への押売りが代表例ですが、路上で声をかけて事業者の営業所等に誘い込み、商品の販売などを行うキャッチセールスといった販売方法も訪問販売として扱っています。

②　通信販売

通信販売とは、事業者が新聞や雑誌、インターネットなどで広告を出し、消費者から郵便・電話等の通信手段により申込みを受ける取引です。

③　電話勧誘販売

電話勧誘販売とは、事業者が電話で勧誘し、消費者からの申込みを受ける取引です。電話中に申し込む場合だけでなく、電話をいったん切った後で、消費者が郵便や電話などによって申込みを行う場合も電話勧誘販売に含まれます。

④　連鎖販売取引

連鎖販売取引とは、事業者が消費者を組織の販売員（会員）として勧誘し、その販売員にさらに次の販売員を勧誘させる方法で、販売組織を連鎖的に拡大して行う販売方法です。

⑤　特定継続的役務提供

長期・継続的なサービスの提供の対価として、高額の金銭の支払いを求める取引です。語学教室・学習塾に通学する契約や、エステティックサロンに通う契約が代表例です。

⑥　業務提供誘引販売取引

事業者が「依頼した仕事をしてくれれば収入を得ることができる」といった口実で消費者を勧誘し、仕事に必要であるとして、商品などを販売する取引です。

⑦　**訪問購入**

物品の購入業者が営業所等以外の場所において行う物品の購入取引のことです。自宅を訪れた業者による貴金属やアクセサリーなどの強引な買取りを防ぐために規制が置かれています。

特定商取引法の規制

特定商取引法は、特定商取引として規制されている7種類の取引ごとに分けて、必要なルールを定めるという構造をとっています。多くの特定商取引に共通するルールは、①氏名等の明示の義務付け、②広告規制（虚偽・誇大広告の禁止など）、③契約締結時の書面交付義務、④不当な勧誘行為の禁止、⑤クーリング・オフ制度、⑥中途解約権の保障などです。

特に重要なルールが、通信販売を除く特定商取引に認められているクーリング・オフ制度です。事業者は消費者に対しクーリング・オフという権利があることを書面で伝え、消費者のクーリング・オフを不当に妨害することを避けなければなりません。

特定商取引法の対象・制限される方法

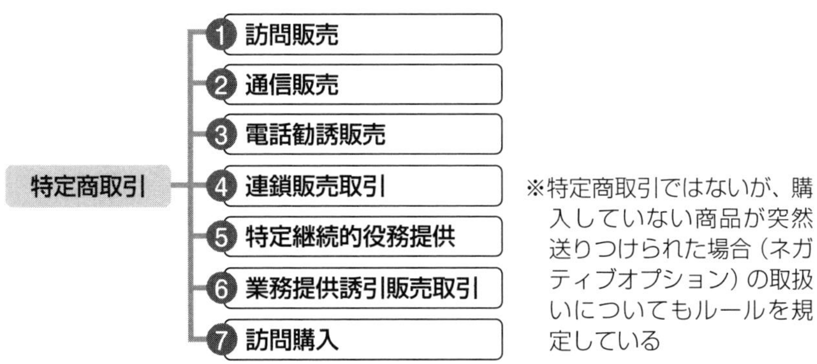

特定商取引法で規制される内容

取引	規制されるおもな商法	クーリング・オフできる期間
訪問販売	・押売り（自宅に突然訪問してきて商品を販売する商法） ・キャッチセールス（駅前・街頭といった場所で目的を隠して営業所に勧誘する商法） ・アポイントメントセールス（販売目的を隠してメール・手紙などで誘い出す商法） ・催眠商法（会場に誘い出した客を話術や雰囲気で高揚させ、商品の販売を行う商法）	8日
電話勧誘販売	・資格商法（家庭や職場に電話をかけて資格取得の勧誘を行い、電話中に契約を結ばせたり、申込書を郵送させたりする販売方法）	
特定継続的役務提供	・無料体験商法（無料体験を誘い文句に客を誘い出し、エステや英会話教室、学習塾といったサービスの受講契約を結ばせる商法）	
訪問購入	・押し買い（自宅を訪れた業者に貴金属やアクセサリーなどを安値で強引に買い取られてしまう商法）	
連鎖販売取引	・マルチ商法・マルチまがい商法（商品等を購入して入会し、新たに入会者を紹介すると手数料が入るシステムで組織を拡大させる商法）	20日
業務提供誘引販売取引	・内職商法（新聞の広告やダイレクトメール、自宅への電話などで勧誘して高額な道具を購入させるが、仕事はまったく紹介しないという商法） ・モニター商法（収入が得られる仕事を提供するが、その仕事に使うことを理由に商品を販売する商法）	
通信販売	・電話やインターネットといった通信手段を利用して広告することで販売業者と対面せずに契約させる商法	クーリング・オフ制度がない
ネガティブオプション	・送り付け商法（注文していない商品を一方的に送り付け、後から代金を請求する商法）	

2 訪問販売

原則として全商品が規制の対象になる

訪問販売とは

訪問販売とは、「営業所、代理店その他の経済産業省令で定める場所以外の場所」で行われる取引と、「特定顧客との取引」のことを意味します。簡単に言うと、店舗以外の場所での販売であり、その一例として自宅への訪問、押し売りがあります。いきなり押しかけてきて、自宅の玄関に居座るようなことがあれば心理的に消費者を圧迫しがちです。

また、消費者が冷静に考えることもできず、本当は買うつもりがないのに買ってしまうことがあるかもしれません。さらに、実際に買ってしまった商品について、後になってトラブルが生じても販売者と連絡がつかないことも生じかねません。無店舗なのをよいことに、売り逃げをする場合も考えられます。

このように、訪問販売は、常設の店舗での販売と比べると信頼ができない面もあるので、店舗販売とは異なる特別の規制を置いているのです。

購入者と事業者が当事者となる

特定商取引法によると、訪問販売の当事者は、「販売業者または役務提供事業者」と、「購入者等」です。

販売業者とは商品を売る者のことで、役務提供事業者とは商品を売るのではなく、役務（サービス）を提供する者のことです。役務（サービス）とは、たとえば、エステサービス、庭石の据え付けなどです。それらの販売や役務提供を業として営む（営利の意思をもって、反復継続して取引を行う）者を、まとめて「販売業者または役務提供事業者」と表現しています。一方、購入者等というのは、消費者のことを指します。

訪問販売にあたらない場合

当事者が物を購入した取引が訪問販売にあたる場合、クーリング・オフの規定が適用されますし、不当な勧誘行為が行われていた場合には、特定商取引法で認められている契約の取消権を行使することができます。

一方、その取引が訪問販売にあた

らなければ、このような権利を行使することはできません。

そして、訪問販売が、「営業所、代理店その他の経済産業省令で定める場所以外の場所」で行われる取引のことを意味するということは、逆に言えば営業所や代理店などでの販売は、訪問販売にはあたらないということになります。

ここでいう営業所とは、営業の行われる場所です。洋服販売であれば、洋服を陳列して売っている店舗が営業所です。エステなどであれば、エステサービスを行う場所が営業所です。

一方、代理店とは、「代理商」の営業所のことを指します。代理商とは、他の商人のために、継続・反復して取引の代理・媒介（仲介）をする者のことです。

１回だけ単発で行っただけというように、継続性・反復性がない場合には代理商にはあたりません。

また、「その他の経済産業省令で定める場所」というのは、たとえば露店や屋台などのことです。

なお、①最低２、３日以上の期間にわたって、②商品を陳列し、消費者が自由に商品を選択できる状態の下で、③展示場等販売のための固定的施設を備えている場所（展示会場などの施設）で販売を行う場合も、店舗での販売と同様に扱われます。つまり、通常は店舗と考えられないホテルや体育館で行われる販売であっても、上記①～③の要件を満たすのであれば、店舗での販売と扱われるので、訪問販売とはなりません。逆に、数時間で終わるような展示販売などは店舗での販売とはならず訪問販売とされ、特定商取引法の規制を受けることになります。

訪問販売とは

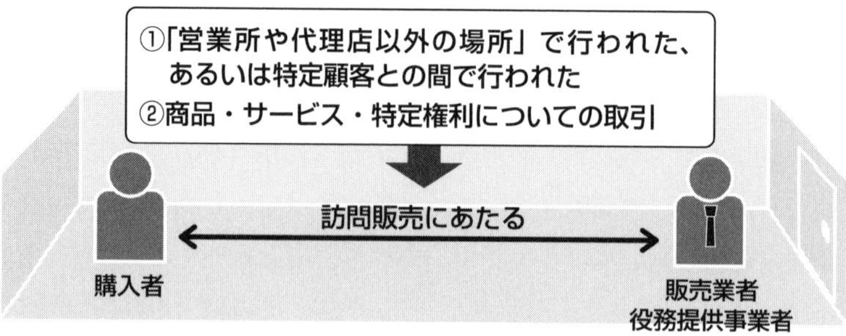
①「営業所や代理店以外の場所」で行われた、
あるいは特定顧客との間で行われた
②商品・サービス・特定権利についての取引
訪問販売にあたる
購入者
販売業者
役務提供事業者

突然誘われて誘導される取引も訪問販売となる

訪問販売のもう一つの類型として**特定顧客との取引**があります。これはわかりやすくいうと、販売目的を隠して近づいて来て、別の場所へ案内して取引させるタイプの契約です。

訪問販売というと、自宅への訪問だけを想像してしまいがちですが、キャッチセールスやアポイントメントセールスも、特定商取引法上の訪問販売に含まれます。もっとも、これらが訪問販売にあたるかどうかについてはすぐに判断できない部分もあるため、特定商取引法が適用されるかどうかのトラブルが生じることもあります。

たとえば、「激安」を宣伝している通信販売でミシンの購入を申し込んだところ、販売員が高価なものを売りにきた。しつこく勧誘されたので40万円の品物をクレジット契約で購入してしまったという場合は訪問販売にあたるのでしょうか。

注文していないミシンを販売員が売りにくるということは、通信販売とはいえません。前述したケースは訪問販売にあたります。ですから、特定商取引法に定められた契約書面が交付されているはずです。この場合、契約は書面の交付を受けてから８日以内であればハガキや内容証明郵便でクーリング・オフをすることができます。書面の交付がない場合には、書面の交付を受けてから８日が経過するまでいつでもクーリング・オフをすることができます。

また、特定商取引法以外の法規制もあります。クレジット契約には割賦販売法が適用されますので解約する場合には、クレジット会社にもそれまでの経過を連絡し、支払いを停止してもらう必要があります（支払停止の抗弁権）。

この業者の場合、販売方法の他、広告にも問題があります。安いミシンを広告に載せておきながら、実際には広告商品とは異なる別の高額商品を売りつけているからです。このような広告は**おとり広告**とも呼ばれます。おとり広告にあたる場合は、景品表示法に基づいて制定された「おとり広告に関する表示」により規制されます。また、広告に記載されている安い金額は、実は下取り機種がある場合の価格だということもあります。広告には注意し、広告中の値段に惑わされることなく、必要なものを購入するようにしましょう。

3 キャッチセールス

キャッチセールスとアポイントメントセールスに気をつける

どんな場合なのか

ある日街中で突然「今なら無料でエステを受けることができます、ぜひどうぞ」とか、電話で「弊社の海外旅行優待にあなたが選ばれました、ぜひ会社にお越しください」などの勧誘を受けたことはないでしょうか。前者のように、事業者が営業所等以外の場所で消費者を勧誘し、営業所等に誘い込んだ上で、最終的に契約の締結を求めるような行為を**キャッチセールス**と呼びます。キャッチセールスは、路上で声をかけ、販売目的を隠したまま近くにある営業所等に消費者を誘導し、高額な商品の購入契約を勧めるという手法がとられるのが特徴です。後者は、**アポイントメントセールス**と呼ばれる商法です。アポイントメントセールスは、電話や郵便で勧誘し、消費者を営業所等に呼び出してから、高額な商品の購入契約を勧めるという手法がとられるのが特徴です。

キャッチセールスやアポイントメントセールスは、「契約行為自体は消費者の自宅ではなく営業所等で行われる」という点で、訪問販売とは言えないようにも思えます。しかし、特定商取引法の規定では、事業者が、営業所等において、営業所等以外の場所において呼び止めて営業所等に同行させた者その他政令で定める方法により誘引した者（以下「特定顧客」といいます）から契約の申込みを受けたり契約を締結した場合も、「訪問販売」にあたると定めており、政令でアポイントメントセールスを指定しています。そのため、たとえば、キャッチセールスに引っかかってしまったが後で解約したいと考えた場合、特定商取引法のクーリング・オフを利用することができます。

同様に、催眠商法（消費者を会場に呼び込み、巧みな話術や景品の配布といった方法で消費者を興奮させて冷静な判断を失わせて高価な商品を購入させる商法）やホームパーティー商法（パーティーに招待し、心理的に断り辛い状況を作り上げて参加者に高価な商品を購入させる商法）といった販売形態も、政令で定める方法に該当するので、原則的には特定商取引法上の「訪問販売」に該当します。そのため、クーリング・オフをすることが可能です。

法的にはどんな規制があるのか

詐欺まがいのキャッチセールスやアポイントメントセールスであれば、民法の詐欺（民法96条）または勘違いである錯誤（民法95条）を主張して契約の効力を否定することが可能です。

ただ、詐欺というのは相手方の内心（だまそうとする意思）の立証が必要であるため、消費者側が立証するのは難しいといえます。

そこで、消費者契約法や特定商取引法では、たとえば重要事項について事実と異なることを告げた場合（不実の告知）などに、契約を取り消すことを認めています。この取消権は外面的な事実を立証すればよく、内心の立証を要しないので、民法よりも消費者にとって行使しやすくなっています。

もっとも、実際に特定商取引法・消費者契約法・民法のどの規定で対応していくのがよいかについては、個別具体的に対応することになるでしょう。

営業所での契約であってもクーリング・オフができるケース

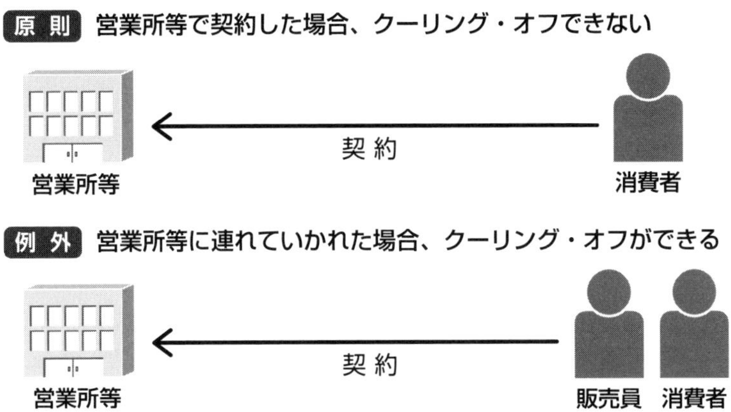
原 則
営業所等で契約した場合、クーリング・オフできない
契 約
営業所等
消費者
例 外
営業所等に連れていかれた場合、クーリング・オフができる
契 約
営業所等
販売員
消費者

4 訪問販売の対象となる商品・サービス・権利

原則としてすべての商品・サービスが特定商取引法で規制される

対象となる商品やサービスとは

消費者がどのようなものを購入したとしても、訪問販売と認められるのでしょうか。かつては訪問販売、後述する通信販売、電話勧誘販売の対象となる商品、役務（サービス）、権利は政令で指定したものに限られていました（指定制度）。

しかし、消費者としては、何が政令で指定されているかを把握しているわけではないので、指定制度のために消費者が保護されにくくなっていることが問題視されていました。そこで現在では指定商品・指定役務の制度は廃止され、原則としてすべての商品・サービスが、特定商取引法上の訪問販売・通信販売・電話勧誘販売の適用対象とされています。

権利についても、指定制度は廃止され、範囲が広げられた「特定権利」が適用対象とされています。

特定権利とは

特定権利とは、特定商取引法の適用を受ける権利のことです。具体的には、次ページ図の①～③に該当する権利を指します。権利の販売というとイメージが湧かないかもしれませんが、生活が豊かになり、物品だけではなく権利も買おうという意識が高まり権利の取引が増えていますが、それに伴いトラブルも増えているため、規制対象を広げることにしました。

特に平成28年改正前の指定権利に含まれていない社債や株式など（次ページ図の②③）が、特定権利として含まれている点が特徴的です。また、次ページ図の①に該当する権利は政令で定められますが、平成28年改正前の指定権利よりも、より広範囲の権利が指定されています。

具体的には、保養のための施設またはスポーツ施設を利用する権利（ゴルフ会員権、リゾートクラブ会員権、スポーツクラブ会員権など）、映画、演劇、音楽、スポーツ、写真または絵画、彫刻などの美術工芸品を鑑賞・観覧する権利（映画チケット、スポーツ観覧チケットなど）、語学の教授を受ける権利（英会話サロン利用権など）が挙げられています。

特定商取引法の規定が適用されない訪問販売もある

特定商取引法の訪問販売の対象は、原則としてすべての商品・サービスと特定権利です。そのため、訪問販売で購入した物が商品やサービスであれば、たいていは特定商取引法の保護を受けることができる取引ということになります。

ただし、購入者が営業として行う取引や組織内部の取引など、特定商取引法による規制にはなじまない取引（128ページ）については、特定商取引法の規制が及びません。

また、使用や一部の消費によって価額が著しく減少するおそれがあるとして政令で定められた消耗品を使用・消費した場合や、直ちに代金を支払う現金取引で購入した商品の金額が3000円未満の取引は、クーリング・オフの対象外とされています。逆に、生鮮食品であっても、3000円以上の商品で、訪問販売など特定商取引法上の取引形態によって購入した場合には、クーリング・オフをすることができることになります。

商品購入の際には念のため、特定商取引法の規制対象になる取引かどうかについて確認することが必要になるでしょう。

特定商取引法の規制対象となる特定権利

①	施設を利用しまたは役務の提供を受ける権利のうち、国民の日常生活に係る取引において販売されるものであって政令で定めるもの
②	社債その他の金銭債権
③	ⓐ株式会社の株式 ⓑ合同会社、合名会社、合資会社の社員の持分、その他の社団法人の社員権 ⓒ外国法人の社員権でⓐⓑ記載の権利の性質を有するもの

5 訪問販売を行う事業者の負う義務

氏名等を明示し、必要事項を告知しなければならない

事業者の義務とは

訪問販売は店舗販売と比べて消費者がトラブルに巻き込まれる可能性が高いので、特定商取引法では、訪問販売をする際には、事業者に以下のような義務を課しています。

① 事業者名、氏名、商品等の種類、勧誘目的を明示する義務

② 取引内容などの一定の事項を記載した書面を交付する義務

つまり、消費者に「誰と話しているのか、何を話しているのか、何をいくらで取引しようとしているのか」といった点をはっきりと認識してもらうために、事業者に①・②のような義務を課しているのです。

たとえば、本当は水道局関係者ではないセールスマンが、水道局関係者であるかのように装ったために、消費者が浄水器を取り付ける契約を結んでしまったとします。これは、水道局という公的なイメージを消費者が信用したために生じたトラブルです。このような被害を防ぐためにも、事業者名や氏名を名乗ることが義務付けられているのです。

また、このような義務を課さないと、最後まで目的を告げずにセールストークを続け、消費者が取引だと認識しないまま取引が成立してしまうという事態も生じ得ます。

一般的に消費者は、事業者よりも取引についての知識がなく、同等の立場にはないのが通常です。これらの事情をふまえ、消費者を保護するために、目的や商品の種類などの明示、書面の交付などを義務付けています。

氏名等の明示義務とは

訪問販売は、消費者が店舗に出かけていって物を買うのとは違い、「誰と取引をしているのか」という点が曖昧になりがちです。訪問販売では、訪問者はまず一番に、「私は○○です」と明確に伝えなければなりません。個人事業主であれば氏名または商号を、法人であれば会社名などを明示します。これは、販売・勧誘をはじめる前に伝える必要があ

ります。身分証明書をつけている販売員もいますが、必ずしも書面での証明は必要ありません。なお、会社名などについては、通称や略称などでは名称を明らかにしたことになりません。商号として登記されているものを名乗ることが必要とされています。明確に名乗ってから「今日は化粧品の販売に来ました」というように、訪問目的をはっきりと消費者に伝えなければなりません。

一般的には、訪問販売員はインターホン越しに氏名・訪問目的などを告げることになりますが、正当な方法で取引を求めても消費者の方が警戒することが多く、きちんと氏名や目的を伝えないままにセールストークを進めている場合もありますが、これは氏名等の明示義務を遵守しているとはいえません。

事業者は書面を交付する必要がある

事業者は訪問販売をする際、消費者に販売商品の名称・種類・数量・商品の販売価格・支払方法・引渡時期・クーリング・オフ等について記載した書面を交付しなければなりません。これを**書面の交付義務**といいます。

特に大切なのはクーリング・オフという申込みを撤回することができる権利、あるいは契約を解除することができる権利があることを書面によって消費者に告知することです。消費者から見れば、早まって買ってしまった場合でも解約できるわけですからこの制度をよく理解しておくことが大切です。

訪問販売業者の中には、取引条件の具体的な内容および商品に対する十分な知識を持っていない消費者を

訪問販売に対する規制

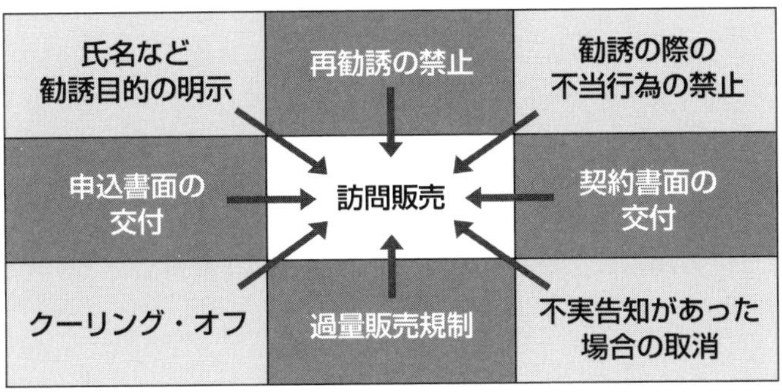

狙う悪質な業者が数多く存在します。

そのため、クーリング・オフなどの取引条件があいまいになってしまうと「不良品を買わされたのに返品できない」「口頭で説明された契約内容と違っていた」などのトラブルにつながりかねません。書面の交付義務は、こうしたトラブルが発生しないようにすることを第一の目的としています。

書面を作成する際には、一定の大きさ以上の文字・数字を使用し、書面には、赤枠の中に「書面内容をよく読むべきこと」と赤字で記載しなければなりません。

申込書面と契約書面の２種類がある

訪問販売にあたって、事業者が消費者に対して交付しなければならない書面には、①申込書面と②契約書面があります。①申込書面は、訪問販売業者が消費者からの申込みを受けたときに直ちに交付する書面です。②契約書面は、契約が成立したときに遅滞なく交付する書面です。

契約書面の他に申込書面の交付が要求されている理由は、申込みの後の契約段階で、取引の内容が変わってしまうと、トラブルの原因となりかねないためです。そのため、すぐに契約を締結しない場合には販売業者は申込内容を記載した書面を交付しなければならないのです。

消費者からの申込みと同時に契約を締結する場合には、申込段階と契約段階で取引の内容が異なるというトラブルが生じるおそれがないので、契約書面のみの交付でよいとされています。

現金取引の場合は記載事項が異なる

現金取引とは、商品の受け渡しと同時にその代金の授受を行う取引です。訪問販売はクレジット契約が多いのですが、現金取引の場合もあります。

訪問販売で現金取引をする場合にも、契約書面の交付が必要です。契約締結と同時に商品の引渡し、代金の全額を支払う取引などについても、契約書面を交付しなければなりません。

書面に記載される事項は、販売業者の名称、代表者と販売担当者の氏名、商品名、商品の数量、商品の形式、クーリング・オフに関する事項、特約に関する事項などです。現金取引であるため、クレジット契約の時に記載される「代金の支払時期」

「商品の引渡時期」といった項目の記載は不要となります。

書面はいつまでに交付するのか

申込書面は「直ちに」、契約書面は「遅滞なく」消費者に交付されなければなりません。したがって、消費者としては申込書面であれば申し込んだその場で、契約書面であれば通常３～４日以内に書面を受け取ることになります。よって、販売業者の「いったん本社に戻ってから、改めて申込書面を交付させていただきます」という対応は特定商取引法に違反する行為なのですが、こういった行動をとる業者が後を絶ちません。

特に、あらかじめ申込書に消費者のサインを記入させておき、内容の詳細は会社で記入するという業者が多いようです。

このような手段を用いる意図は、契約内容と実際の商品が違う事を理由としてクーリング・オフされるのを防ぐことにあるわけですが、かえって、消費者サイドに警戒心をもたせることになってしまいます。

なお、特定商取引法による訪問販売のクーリング・オフの行使期間は、契約書面を受領した日（起算日）から受領日も含めて８日間です。ただし、契約書面より前に申込書面を受け取っている場合には申込書面の受領日が起算日となります。

なお、令和３年特定商取引法改正により、契約書面等の交付に代えて、事業者は、消費者の承諾を得て、書面に記載すべき事項を電磁的方法（メール等）により提供することができるとされました。改正法は令和３年６月９日に成立、６月16日に公布されました。契約書面等の交付に代えて、電磁的記録による提供を認める規定については、公布の日から起算して２年を超えない範囲内において、政令で定める日から施行されます。

申込書面と契約書面

申込書面 →	申込みの内容を記載した書面 →	申込後、直ちに交付する
契約書面 →	契約内容を記載した書面 →	契約後、遅滞なく交付する

※申込みと同時に契約を締結する場合には契約書面のみの交付でよい

書面の交付義務に違反するとどうなるのか

書面の記載事項が不完全な場合や虚偽の記載がある場合、販売業者は交付義務に違反したことになります。消費者は販売業者に対し、書面交付義務の違反を主張することができます。

販売業者が書面を交付していなかった場合、クーリング・オフの起算日がまだ生じていないので、クーリング・オフをすることができます。また、書面が交付されていても、クーリング・オフに関する記載がなければ、交付していないのと同様に扱われます。

なお、書面交付義務に違反し、消費者の利益や訪問販売取引の公正が害されるおそれがある場合には、主務大臣（経済産業大臣）が販売業者に対して適切な措置をとることができます。最も厳しい措置として、販売業者に対して業務停止命令を行うことも可能です。さらに書面交付義務に対する違反や書面の内容に虚偽があるなどの場合には販売業者に対し100万円以下の罰金（行為者には6か月以内の懲役または100万円以下の罰金）を科すことができます。

申込書面・契約書面の記載事項

①商品・権利・役務の種類
②商品・権利の販売価格、役務の対価
③商品・権利の代金、役務の対価の支払時期および方法
④商品の引渡時期若しくは権利の移転時期または役務の提供時期
⑤クーリング・オフに関する事項
⑥事業者の氏名（名称）、住所、電話番号、法人の代表者の氏名
⑦契約の申込または締結の担当者氏名
⑧申込または締結の年月日
⑨商品名、商品の商標または製造者名
⑩商品に型式があるときは、その型式
⑪商品の数量
⑫契約不適合責任（瑕疵担保責任）について定めがあるときは、その内容
⑬契約の解除に関する定めがあるときは、その内容
⑭その他特約があるときは、その内容

6 訪問販売の禁止行為

不当な勧誘行為は禁止されている

訪問販売の禁止行為とは

訪問販売は、消費者が事前に商品やサービスに関する情報を持たないために、誤解やトラブルが発生しやすいという特徴があります。そのため、特定商取引法では、訪問販売を行う際の禁止行為を定めています。

① 不実の告知

消費者に対して事実とは異なる説明をして、商品を購入させる行為です。たとえば、訪問販売員が消防署の職員に扮装して、「家庭に1台取り付けが義務付けられている」とウソを言って消火器を売る（家庭への消火器設置義務はない）悪質な訪問販売はよく知られています。また、クーリング・オフできる商品であるのに、この商品はクーリング・オフできないと説明して販売する行為も不実の告知とみなされます。

なお、主務大臣（経済産業大臣など）は事業者に対し、不実の事項を告げる行為があったかどうかを判断するため、事業者が告げた事項を裏付ける合理的な根拠を示す資料を提出するように求めることができます。

② 故意による重要事項の不告知

消費者が不利になるような重要な事実を、わざと（故意に）伝えずに契約を結ぶ行為は禁止されています。

たとえば、販売する商品が一定期間を過ぎれば壊れてしまうが、そのことを知らせると消費者が買わなくなるのであえて明かさない、というような行為がこれにあてはまります。

③ 威迫行為

消費者を威迫して契約を交わすことです。威迫とは、脅迫よりは軽度であるものの、他人に対する言動によって相手方を不安・困惑させることを意味します。このような契約は、当然に正当なものとして認められません。

④ 販売目的を隠した行為

消費者に接触するために、販売の目的を隠して訪問する行為は禁止されています。たとえば、販売目的であることを言わずに道路などで声をかけ、営業所に誘い込む行為は禁止されます。

⑤　債務の履行拒否・履行遅滞

正当な理由もなく、債務の履行を拒否したり遅らせたりすることです。約束の期日までに履行しないことを履行遅滞といいます。特に契約の解除を消費者が求めている場合、クーリング・オフの期間をやりすごすために、それを拒否したり、遅らせるといった手口がよく使われています。

⑥　夜間の勧誘やしつこい勧誘

夜遅くに自宅などを訪問して勧誘する、長時間にわたってしつこく勧誘する、病気や老齢などによる判断力不足に乗じて勧誘する、通常必要な分量を著しく超える商品の購入について勧誘する、商品に対する経験・知識・財産の状況に照らして不適当な勧誘をする、などが禁止されています。

再勧誘は禁止されている

一度契約をした消費者に対して、言葉巧みに必要のない商品やサービスを次々と販売する**次々販売**という商法があります。次々販売では、消費者側としても購入する必要がないことをわかっているのですが、何度も来訪されるうちに仕方なく契約してしまうというケースが後を絶ちませんでした。そこで、同様の被害を防ぐ目的で、特定商取引法では、訪問販売に**再勧誘禁止規定**を置いています。

販売業者または役務提供事業者は、訪問販売をしようとするときは、その相手方に対し、勧誘を受ける意思があることを確認するよう努める必要があります。

そして、訪問販売による売買契約または役務提供契約を締結しない旨の意思を表示した消費者に対しては、事業者は当該売買契約または当該役務提供契約の締結について勧誘をしてはいけません。「契約しない」「訪問しないでほしい」などとはっきり意思表示した消費者のもとに居座り続けることや、帰ったとしても再三訪問するなどの行為は禁止されることになります。

消費者のもとに居座り続けると、場合によっては刑法上の不退去罪（刑法130条後段）が成立するおそれがあります。

再勧誘を禁止されるともう訪問販売できないのか

再勧誘禁止規定があるといっても、訪問販売自体が行えないわけではありません。

再勧誘が禁止されるのは、勧誘の

対象となった商品やサービスについての再勧誘であり、別の商品などの契約についての勧誘は禁止されません。

また、同じ商品であれば、断る意思を示した消費者に再勧誘をすることは禁止されますが、永久に再勧誘が禁止されるわけではありません。社会通念に照らして相当と考えられる期間を過ぎれば、再勧誘にあたらないと考えられています。

運用指針によると、同じ商品などの契約であっても、たとえば、数か月から1年単位での契約が通常である商品などについては、その期間が経過すれば別の商品などの契約になると考えられ、再度勧誘することも可能になります。

違反行為に対しては制裁がある

特定商取引法で定められている禁止行為を販売業者が行った場合、行政規制や刑事罰の対象となる場合があります。

① 行政規制

違反業者に対しては、業務改善に関する措置を指示したり、業務の一部または全部を停止させる（業務停止命令）ことがあります。その他、事業所への立入調査を行ったり、報告や資料提出を命じるなど、消費者の被害を最小にするための措置がとられます。

② 刑事罰

たとえば、不実の告知、故意による重要事実の不告知、威迫行為（特定商取引法6条1項～3項）をした者に対しては、3年以下の懲役または300万円以下の罰金が科せられるというように、刑事罰の対象となる場合もあります。

不当勧誘が行われた場合に消費者が採りうる手段

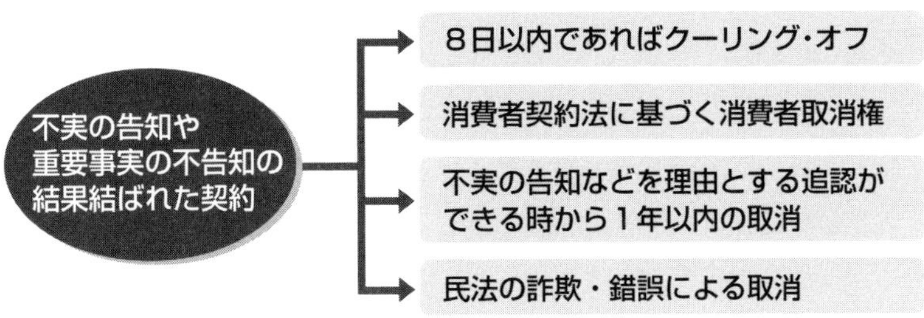

7 訪問販売とクーリング・オフ

消費者のためのクーリング・オフ制度

8日以内に発信する

訪問販売で購入した商品や特定権利、提供を受けたサービスについて、後で思い直した場合、クーリング・オフにより契約の解除（もしくは申込みの撤回）をすることができます。

クーリング・オフを行使できる期間は、クーリング・オフに関する記載のある契約書面（または申込書面）を受け取った日から８日以内です。８日以内であればたとえ契約した後であっても契約を解除できます。「８日」の期間について、民法の初日不算入の原則とは異なり初日もカウントされる点に注意しましょう。

日曜日に契約書面を受領したとすると、翌週の日曜日までが行使期間となります。８日以内に通知を発信すればよく、相手方に届くのは９日目以降でもかまいません。

たとえば、消費者が商品購入から８日目にクーリング・オフの通知を手紙で送った場合、事業者に届くのは９日目以降になりますが、クーリング・オフは相手方への到達時点ではなく、送付者が発信した時点で効果が生じるため、このような場合でもクーリング・オフは有効に成立するのです。

ただ、事業者が通知を受け取っていないなどと主張した場合は、消費者の側が通知を発信したことを証明しなければなりません。このような場合、重要になるのが書面を発送した日付です。通常、ハガキや手紙には郵便局の消印があります。消印が商品購入日から８日以内であれば、期間内にクーリング・オフを発信したことの証拠になります。書面の発信日を容易に確認できる内容証明郵便を利用することもあります。

電話でクーリング・オフしてもよいのか

令和３年特定商取引法改正前までは、クーリング・オフの行使について「書面により」と定められていました。そのため、電話などでクーリング・オフを行使するのは要件を満たさないように思えます。

しかし、書面による行使を要求した趣旨は、あくまで後日のトラブルを避けるためのものであるとして、事業者・消費者共に承知しているのであれば電話や口頭などでクーリング・オフを行使してもよいと判断した裁判例もあります。ただ、事業者側が「クーリング・オフの話などは聞いていません」と主張してきたときはトラブルとなります。トラブルの解決には長期間かかる場合もあるため、やはり書面による通知の方が安全だといえるでしょう。

そして、消費者がクーリング・オフをより使いやすくするため、令和3年特定商取引法改正により、クーリング・オフの通知は書面だけでなく電磁的方法（メール等）によっても認められることになりました。改正法は令和3年6月9日に成立、6月16日に公布され、一部を除き、公布の日から起算して1年を超えない範囲内において、政令で定める日から施行されます。

法律の規定と異なる特約は認められるのか

契約内容によっては、事業者独自の特約がある場合があります。たとえば「クーリング・オフを行使した場合には違約金が発生する」「クーリング・オフは当社が認めた場合のみに実行される」といった特約です。このような特約を認めてしまえば、クーリング・オフの効力がほとんどなくなってしまいます。そこで、特定商取引法では「クーリング・オフの規定に反する特約で消費者に不利なものは無効とする」と規定しています。上記の特約はいずれも無効と

クーリング・オフの起算日

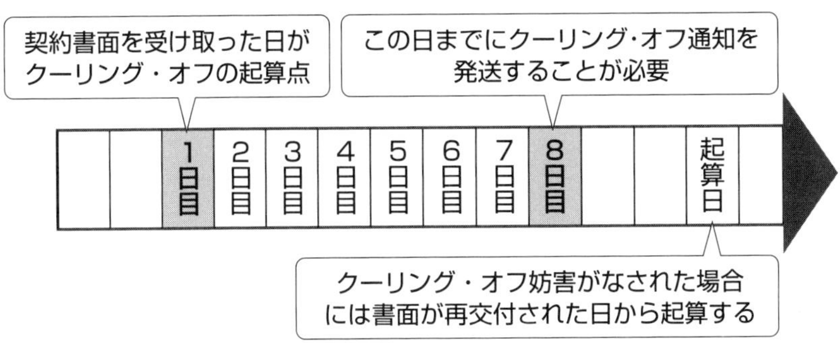

契約書面を受け取った日が
クーリング・オフの起算点
この日までにクーリング・オフ通知を
発送することが必要
1日目
2日目
3日目
4日目
5日目
6日目
7日目
8日目
起算日
クーリング・オフ妨害がなされた場合
には書面が再交付された日から起算する

なります。

一方、「クーリング・オフは電話などでも認められます」「当社ではクーリング・オフ期間を10日とします」など、消費者にとって有利にする方向での特約は認められます。

クーリング・オフ妨害とは

訪問販売で購入した商品に欠陥などが見つかった場合、消費者は事業者に対してクーリング・オフを行使することでしょう。

しかし、事業者によっては「契約書類が本社に到着していないため、クーリング・オフは無効です」「商品が消耗品の場合は、クーリング・オフが無効になります」などの理由をつけて消費者にクーリング・オフをさせまいとします。

このような行為は**クーリング・オフ妨害**と呼ばれます。具体的には、事業者が消費者にクーリング・オフができないと告げ、消費者がそれを事実であると誤認した場合や、事業者が消費者を威迫したために、消費者が困惑してクーリング・オフができなかった場合がクーリング・オフ妨害とされます。

クーリング・オフ妨害が行われた場合、クーリング・オフ期間が延長されます。具体的には、クーリング・オフ妨害をした事業者は、消費者の誤認や困惑を解消するため、「弊社はクーリング・オフを妨害する行為を行ったため、本日お送りした書面をお受け取りになった日より８日間はクーリング・オフが可能です」といった書面を消費者に交付することになっています。消費者がこの書面を受領した日から８日以内であれば、クーリング・オフができることになります。

なお、消費者が自発的に商品の一部を使用・消費した場合にはクーリング・オフできなくなるケースがあります。ただし、一部を使用した場合であっても、クーリング・オフできなくなるのはその使用した一部だけです。

セット商品の場合、たとえば化粧品セットの一部の商品を使用したのであれば、使用していない残りの商品はクーリング・オフにより解約することができます。

8 役務付帯契約

役務付帯契約もクーリング・オフの対象となる

商品の販売とサービスの提供がセットになっている

訪問販売では、商品だけでなく、役務を商品とセットにして販売する事があります。役務とは、一言でいうとサービス、人のために行う労働という意味で捉えておけばよいでしょう。

役務付帯契約とは、このような役務の提供と、商品の販売とを共に行う契約形態です。たとえば、家電製品の販売に取り付けの工事という役務が付いていたり、エステサロンの施術サービスに、化粧品や美顔機などの販売が含まれていたりします。

また、無料点検を装って防災セット等を購入させる点検商法も役務付帯契約の一種です。エステサロンの例では、施術という役務がメインであり、商品の販売がそれに付随することになります。家電の場合は、商品の販売がメインの役務付帯契約です。

これら「商品の販売」と「役務」のどちらがメインのサービスで、どちらが付随するサービスとなるのかは、販売契約によってまちまちです。商品の販売と役務のどちらが主体となる場合であっても、役務付帯契約として認められています。

どんな問題点があるのか

役務付帯契約では、商品の販売と役務の提供の両方が共にクーリング・オフの対象となるのかが問題です。

たとえば、訪問販売で家に新しい床暖房を購入して、取り付ける役務付帯契約を行った場合、古い床は取り外すなどして、何らかの手を加えなければいけません。もし、この契約を途中で止めたいと思っても、すでに古い床の取り外しや新しい床の取り付けが行われている場合、床暖房の販売と取り付ける役務の両方に対してクーリング・オフが有効になるのかという問題が出てきます。

特定商取引法では商品の販売だけでなく、役務の提供についてもクーリング・オフが適用されると定めています。そのため、クーリング・オフの期間内であれば、たとえ床の取り外し工事の一部がすでに行われていたとしても、業者は工事を中止する必要があります。

また、クーリング・オフの時までにかかった工事費用に対しても、消費者に請求することはできません。前もって受け取った金銭も消費者に返すことになります。

原状回復請求ができる

工事付きの商品販売契約をクーリング・オフしたくても、すでに工事が行われてしまっている場合、この工事を途中の状態でほったらかされてしまうと、消費者としては困ってしまいます。

原状回復とは、役務を行った際に発生した変化について、販売契約を行う前の状態にまで戻すことです。具体的には、業者が新しい工事を行って変更されてしまった所があれば、それを元に戻す必要があります。前述のような床暖房を取り付ける契約のクーリング・オフについても、工事は途中まで行われていて、床には手が加えられています。

しかし、消費者から原状回復の請求があれば、業者は販売契約する前の状態に戻すために、床暖房の取り付けの工事を中止し、元あったような床に戻す処理をしなければなりません。

なお、原状回復のための費用は、業者側で負担しなければなりません。たとえ床を元の状態に戻すために費用がかかったとしても、それを消費者側に請求することはできません。

役務付帯契約と契約の解除

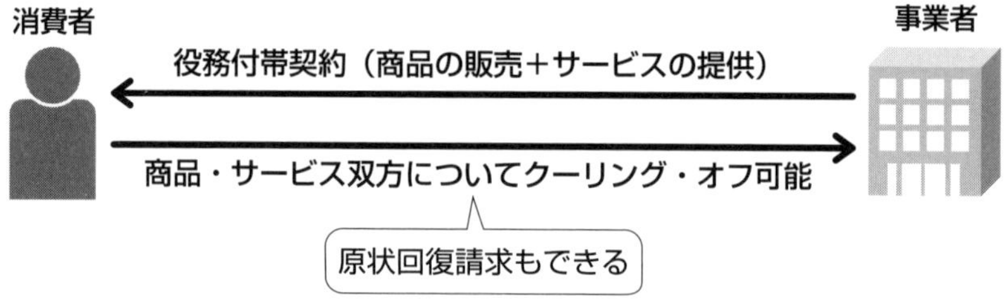
消費者
事業者
役務付帯契約（商品の販売＋サービスの提供）
商品・サービス双方についてクーリング・オフ可能
原状回復請求もできる

9 消耗品の使用・消費とクーリング・オフ

政令指定消耗品は使用・消費するとクーリング・オフできない

たとえばどんな場合なのか

訪問販売についてはクーリング・オフが認められますが、化粧品や健康食品など消費しやすい商品のクーリング・オフについては、他の商品と異なる取扱いがなされています。

政令指定消耗品とは

特定商取引法では、一度でも開封して使用・消費すると大きく価値が損なわれる商品を**政令指定消耗品**と定めています（特定商取引法26条5項1号）。政令指定消耗品として定められているのは以下の商品です。

① 健康食品（動物や植物の加工品で、一般の飲食用でなく、人が摂取するもの。医薬品を除く）
② 不織布、織物（幅13cm以上）
③ コンドーム、生理用品
④ 医薬品を除く防虫剤・殺虫剤・防臭剤・脱臭剤
⑤ 医薬品を除く化粧品・毛髪用剤・石けん、浴用剤、合成洗剤、洗浄剤、つや出し剤、ワックス、靴クリーム、歯ブラシ
⑥ 履物
⑦ 壁紙
⑧ 配置薬

政令指定消耗品は一部でも使用・消費した場合、契約書面を受領してから8日以内であっても、クーリング・オフができなくなります。ただし、このような商品を販売する際には、あらかじめ商品が政令指定消耗品に該当するものであり、一部でも使用・消費するとクーリング・オフができなくなることを書面の中で伝えておく必要があります。

このことを隠して販売したり、購入を決める前から販売業者側から使用するように勧められた場合には、政令指定消耗品であっても、クーリング・オフの対象となります。

使用・消費とは

政令指定消耗品の説明で「開封した場合はクーリング・オフができません」という表記をよく目にしますが、実際には、商品を開封しただけで使用・消費にはあたるとは限りま

せん。たとえば、容器に入った化粧品や洗剤は、蓋を開けただけでは使用・消費したことにはなりません。

ただし、真空パックなどのように容器に密封されていて、開封した時点で価値がなくなるという性質を持っている商品の場合は、開封しただけで使用・消費にあたることとなって、クーリング・オフの対象外となってしまいます。

たとえば、缶詰は密封されているために、長期間保存できるようになっています。これを開けてしまうと、缶詰の長期保存という価値が大きく損なわれるため、中身を食べていなくても使用・消費したとみなされて、クーリング・オフができなくなります。

一部の使用・消費について

政令指定消耗品を含む商品がセットとなっているものを購入し、これを使用・消費した場合でも、セットの商品すべてがクーリング・オフの対象外になるわけではありません。

購入した商品のうち、使用・消費したものに関してはクーリング・オフができませんが、それ以外の「未使用の政令指定消耗品」や「政令指定消耗品外の商品」については、クーリング・オフをすることが可能です。この場合、個々の商品の小売価格が返金金額の目安となります。

なお、セット商品のどれが政令指定消耗品であるかの表記も説明もない場合は、たとえ一部を使用・消費したとしても、セット品すべてに対してクーリング・オフが可能になります。

消耗品のクーリング・オフを封じるために規定されている契約書の条項

第●条　本件契約により購入した商品の全部または一部を使用、もしくは消費した場合には、特定商取引法その他の法律に基づくクーリング・オフをすることはできない。

契約書にこのような規定がない場合には、消耗品を使用・消費してしまった場合でもクーリング・オフすることができる

試用販売とは

購入すると決めていない段階で、訪問販売員に「試しに商品を使ってみてください」と言われることがあります。

ここで使用した化粧品は、あくまで見本として使用したものです。その後、この化粧品を購入した場合は、たとえ政令指定消耗品であってもクーリング・オフが可能です。政令指定消耗品の使用・消費が消費者の意思によって行われていないのですから、クーリング・オフが認められることになります。

政令指定消耗品とクーリング・オフ

政令指定消耗品

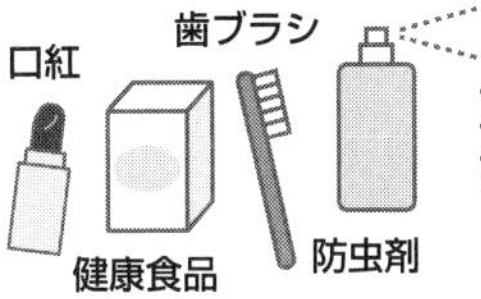

政令指定消耗品については、消費者に交付する書面に記載がある場合にはクーリング・オフ不可

↓

- 単に蓋を開けたというだけでは使用・消費とは言えず、クーリング・オフが認められる可能性がある
- 消耗品がセットとなっている商品の場合、「未使用の政令指定消耗品」や「政令指定消耗品外の商品」については、クーリング・オフが可能

一部使用した商品のクーリング・オフ

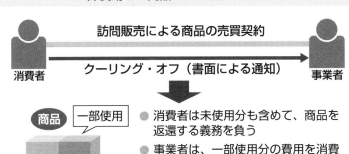

- 消費者は未使用分も含めて、商品を返還する義務を負う
- 事業者は、一部使用分の費用を消費者に請求することはできない

10 過量販売規制

たくさん買わされた場合に解除できる制度

過量販売とは

訪問販売には、必要のないものを買わされるという問題の他に、たとえ必要なものであったとしても必要以上の分量を買わされるという問題があります。実際に訪問販売の被害を見ると、「たくさん買うと安くなるから」などと言葉巧みに勧誘して、高額の契約を結ぶという手口を用いる悪質な販売業者もいるようです。しかも、一度このような契約をしてしまうと、販売業者が次々に違う商品を販売しようとしてきます。

そこで、消費者の日常生活において通常必要とされる分量を著しく超える商品の売買契約などについて、原則として、契約締結日から1年以内であれば解除できる制度（**過量販売規制**）が導入されています（特定商取引法9条の2）。

このような「過量販売」や「次々販売」といわれる不当な契約を結ばされた消費者は、民法上の取消や不実告知などによる誤認を理由に契約を取り消せる場合があります。しかし、そのためには、契約当時、事業者がどのような意図で、どのような説明をしたのかを消費者が証明する必要があります。過量販売規制はこれとは異なり、通常必要とされる分量を著しく超える契約かどうかという外形的な事情さえ証明できれば解除が認められる点がポイントです。

過量販売の類型

過量販売にはいくつかのパターンがあります。具体的には、①一度に大量のものを購入させるケース、②同じ事業者が何度も訪問して次々と購入を迫るケース、③通常必要となる分量を超えることを知りながら、複数の事業者が次々と購入を迫るケースです。いずれの場合も解除が認められます。

まず、①のケースでは、消費者の日常生活において通常必要とされる分量を著しく超える商品や特定権利を購入する契約、または通常必要とされる回数・分量・期間を著しく超える役務（サービス）を提供する契約であれば解除ができます。

②や③のケースについては、その契約だけでは過量といえない場合でも、過去の消費者の購入実績から、ある事業者の販売行為等が結果的に通常必要とされる分量等を著しく超える契約になること、あるいはすでにそのような量を超えた状況の消費者であることを事業者が知りながら販売等を行った場合に解除ができます。

過量販売といえるかどうか、つまり通常必要とされる分量を著しく超える販売かどうかは、商品・特定権利・役務の内容や性質、購入者の生活状況、世帯構成人数などを基に個別の事案ごとに判断することになります。

なお、電話勧誘販売にも訪問販売と同様の過量販売規制が定められています。また、過量販売を理由に契約を解除する場合、商品の売買契約だけでなく、同じく1年以内であれば、割賦販売法の規定によりクレジット契約の解除をすることも可能です。

解除権を行使する場合

過量販売は、制度としてはクーリング・オフとは異なりますが、過量販売を理由に契約を解除する場合、クーリング・オフと同様に内容証明郵便やハガキで事業者に通知するのがよいでしょう。契約締結日から1年以内であれば解除可能ですので、クーリング・オフ期間（訪問販売であれば8日）が経過した後でも契約を解除することが可能です。

あらかじめ、契約で「過量販売であることを理由に契約を解除することはできない」といった条項を定めていても、そのような条項は消費者を不当に不利にするものなので無効です。

過量販売を理由とする契約の解除

① 訪問販売・電話勧誘販売での契約であること

② 日常生活において通常必要とされる分量・回数・期間を著しく超える商品・特定権利・サービスの契約であること

③ 契約締結の時から1年以内であること

④ 申込者等に契約の締結を必要とする特別の事情があった場合でないこと

→ 消費者は契約の解除が可能！

11 消費者が支払う違約金の限度

解除の場合に消費者が負担する損害賠償には限度がある

損害賠償額や違約金を定めることがある

契約の解除とは、契約を一方的に破棄することをいいます。契約の解除においてときどき問題となるのが、解除をした方が一定の損害賠償金あるいは**違約金**を支払わなければならないということがあらかじめ定められている場合です。妥当な金額であればよいのですが、事業者と消費者では、明らかに事業者の方が商取引や契約に精通しており、不当に高い損害賠償金を支払う約束を結ばされている可能性も高いのです。

そのため、特定商取引法では、本来当事者間で自由に決められる損害賠償額を、妥当な金額の範囲内に制限する規定を置き、たとえ消費者の支払遅延などを理由に契約が解除されたときであっても消費者の利益が不当に害されないようにしています(特定商取引法10条)。

消費者契約法９条に、消費者が支払う損害賠償額を一定限度に制限することを定めた規定がありますが、この消費者契約法９条をさらに具体的にしたのが特定商取引法10条です。

10条が適用されるケースとは

特定商取引法10条が適用される４つのケースとは、具体的には、①商品または権利が返還された場合、②商品または権利が返還されない場合、③役務提供契約の解除が役務の提供開始後である場合、④契約の解除が商品の引渡し、権利の移転、役務の提供開始前である場合です。

①は、商品や権利が返還されていますので、「商品の通常の使用料の額」または「権利の行使により通常得られる利益に相当する額」を基準に損害賠償額を考慮します。使用料や利益相当額については、販売業者が一方的に提示するのではなく、業界標準の使用料率等を基準に考えるべきだとされます。

②は、商品・権利を返還していませんから、「販売価格に相当する額」を損害賠償金とするのが基準です。分割支払いにしている場合には、分

割払いにおける支払総額です。

③は、すでに役務が提供されており、役務は性質上返還することができませんので「提供された役務の対価に相当する額」が損害賠償額の基準です。考え方は理解しやすいのですが、実際に提供されて役務の対価に相当する額がいくらかについては、なかなか判断が難しい部分もあります。役務ごとにその妥当性を個別に検討することが必要になります。

④は、商品の引渡し前であったり、権利の移転前であったりするので、損害は生じていないと思われるかもしれませんが、契約を締結するためにも一定の費用がかかっています。そこで、「契約の締結及び履行のために通常要する費用の額」を損害賠償額の基準として算定します。

契約の締結のための費用とは、たとえば、書面作成にかかる費用や印紙代です。契約の履行のための費用とは、代金を取り立てたり催告をするのにかかる費用です。もっとも、「通常要する費用」ですから、現実にかかった費用ではなく、平均的にかかる費用の額が基準となります。

これらの①～④で算定される金額に、法定利率による遅延損害金の額を加えた総額が損害賠償額として請求可能な金額です。

法定利率とは、法律で定められた利率のことです。平成29年の民法改正により、民法改正の施行時に法定利率は年３％に一本化され、３年毎に１％単位で利率が変動します（変動制）。あらかじめ不当に高額な損害賠償額を定めていたとしても、消費者はこの金額以上の賠償金を支払う必要はありません。

不当に高い違約金を定める条項の例

第●条　本契約が解除された場合には、購入者は事業者に対して商品の代金の２倍の違約金を支払うものとする。

特定商取引法10条に反する高額の違約金の契約条項は無効！

12 通信販売

通信販売は特定商取引法の適用を受ける

通信販売とは

通信販売とは、消費者が新聞・雑誌・テレビ・カタログ・インターネット・電子メールなどを見て、郵便・電話・FAX・インターネット・電子メールなどを通じて購入の申込みをする販売形態をいい、特定商取引法で規定されています。最近では、インターネットの普及によって、ネットショッピングが増えてきています。なお、電話による勧誘を伴うものは、別途、電話勧誘販売という形態として規制されています。

どんな問題点があるのか

通信販売は、非常に便利でメリットの多い販売方法です。実際に店舗に行けば、強引な売りつけをされて、買いたくない商品まで買わされることがあるかもしれませんし、落ち着いて商品を見ることなく、その場の雰囲気で買ってしまうことがあるかもしれません。衝動買いなども多いのです。

これに対して、通信販売では訪問販売とは異なり、事業者側の押し付けはないため、消費者はゆっくり自分のペースで商品を選ぶことができます。

ただ、通信販売には、実際に手にとって商品を確かめることができないという弱点があります。広告には、商品のよい面が載せられており、写真があるにせよ、もっとも見栄えのよい状態で載せられていることも多いでしょう。商品説明も、100％正しいというわけではないかもしれません。

また、店舗で商品を見定めるときのように、気軽に販売員に質問をするということもできません。このような状況で購入する場合、商品が届いてみると、自分の思っていたものと違う、と感じることもあります。

このように通信販売特有のトラブルもあり、特定商取引法は通信販売にさまざまな規制をしています。また、経済産業省令（特定商取引に関する法律施行規則）による規制もあります。

権利については特定権利に限定されている

以前は、通信販売について、特定商取引法が適用されるのは、政令で定められた指定商品、指定役務(サービス)、指定権利を扱う場合だけでした。

しかし、現在では制度が改正され、原則として、どんな商品、役務を扱っても特定商取引法が適用されます。ただし、権利の販売については、特定権利を扱う場合に限り特定商取引法が適用されます。

特定商取引法の適用が除外されるものもある

通信販売で商品を販売しても、特定商取引法が適用されない場合がいくつかあります。まず、特定商取引法は、事業者間取引には適用がありません。裏を返せば、企業と消費者との間の取引にのみ適用されるということです。また、海外の人に対して商品を販売する場合や事業者が従業員に商品を販売する場合などにも、特定商取引法は適用されません。他の法律により消費者保護が図られているものについても適用されません。

返品制度がある

返品というと通常はクーリング・オフを思い浮かべますが、通信販売はクーリング・オフが認められていません。

そのため、以前は商品が届いてから「これは思っていたものと違う」と感じ、返品したいと思ったものの業者が応じないというトラブルが頻発し、問題となっていました。

このような状況を受けて、制度が

通信販売のしくみ

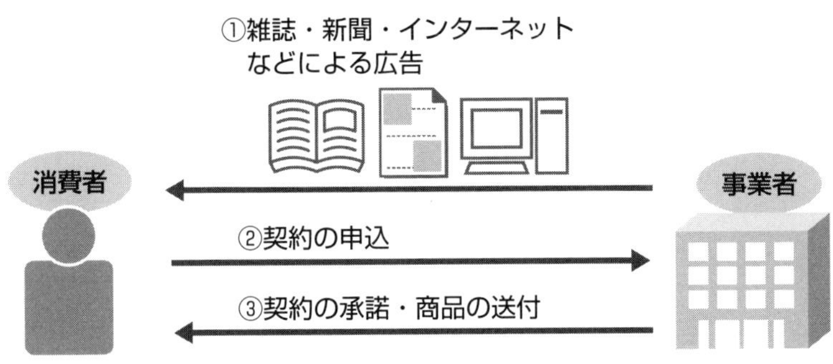

改正され、現在では通信販売には返品制度が導入されています。この制度は通信販売で購入した商品の到着後、８日以内であれば、購入者の負担で返品することを認める制度です。

ただし、通信販売をする際の広告に、あらかじめ「返品できない」旨が記載されている場合には、返品ができません。この点がクーリング・オフとの違いといえるでしょう。

結局、返品を認めるかどうかは事業者次第ということになります。ただ、「返品不可」という表示があったとしても、事業者の落ち度などによって、商品・役務・特定権利に破損や欠陥がある場合には、民法の債務不履行責任に基づいて契約を解除した上で、原状回復として返品することが可能です。

もっとも、消費者が事業者に対して債務不履行責任を追及するとき、まずは期間を定めて欠陥のない商品を納品するよう請求します。それでも商品が届かなければ、履行が遅れている（履行遅滞）として契約を解除することができます。このとき、契約を解除すれば商品を返品することが可能になるということです。

なお、事業者は代金を受領済みであれば、消費者に返還しなければなりません。

通信販売と返品制度

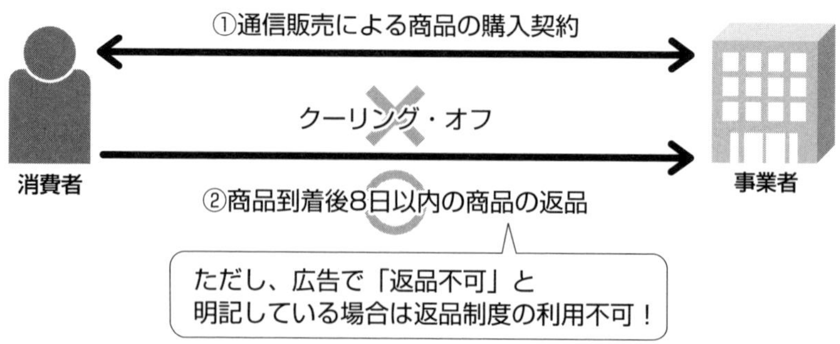
①通信販売による商品の購入契約
クーリング・オフ
消費者
事業者
②商品到着後8日以内の商品の返品
ただし、広告で「返品不可」と
明記している場合は返品制度の利用不可！

13 通信販売の広告記載事項

必要的記載事項をどのように記載するかがポイント

どんなことが必要的記載事項として定められているのか

通信販売では、消費者は広告を見ることで商品を購入するかどうかを判断します。そこで、特定商取引法は、原則として通信販売を行う際の広告について以下に記載する一定の事項を表示することを義務付けています（特定商取引法11条）。この一定の事項のことを**必要的記載事項**といいます（110ページ図）。

書面やインターネットのホームページには「特定商取引法に基づく表示」（112ページ）が掲載されていることも多いので、消費者は、それらの表示を見て取引内容を判断することができます。

販売価格について

商品の価格が曖昧に書かれていて、実際に取引するまで正確な値段がわからないということでは、消費者は不安になります。そこで、商品の販売価格は、消費者が実際に支払うべき「実売価格」を記載することになっています。希望小売価格、標準価格などを表示していても、実際にその金額で取引されていなければ、「実売価格」を表示したとはいえません。また、消費税の支払いが必要な取引では、消費税込の価格を記載する必要があります。

送料について

購入者が送料を負担する場合は、販売価格とは別に送料を明記する必要があります。送料の表示を忘れると、「送料は販売価格に含まれる」と推定され、結果として送料を請求できなくなるおそれがあります。送料は、顧客が負担すべき金額を具体的に記載します。したがって、「送料は実費負担」という記載は、具体性を欠くため不適切です。

全国一律、同じ送料で商品を配送する場合は、「送料は全国一律○○円」と簡単に表示できます。

一方、送料の金額が全国一律ではない場合は、商品の重量、サイズを明記し、配送地域ごとに送料がいくらになるかを記載するのがよいでしょう。また、商品の重量、サイズ、発送地域を記載した上、配送会社の料金表のページにリンクを張るという方法もあります。さらに、「○○運輸、○○円（東京）から○○円（沖縄）」のように、送料の最高額と最低額を記載する方法もあります。

その他負担すべき金銭について

「その他負担すべき金銭」は、販売価格と送料以外で、購入者が負担すべきお金のことです。

たとえば、「組立費」「梱包料金」「代金引換手数料」などが代表的なものです。取引にあたっては「組立費」「梱包料金」などの金額につき、費用項目を明示して、具体的な金額を記載する必要があります。消費者がどれだけの費用がかかるのかを正確に知り、安心して取引できるようにするためです。したがって、「梱包料金、代金引換手数料は別途負担」とだけ記載し、具体的な金額を明記していないものは不適切な表示となります。

代金（対価）の支払時期について

消費者が代金をいつ支払うかは、取引の重要事項なので、具体的に表示する必要があります。代金の支払時期には、前払い、後払い、商品の引渡しと同時（代金引換）などいくつかのパターンがあります。たとえば、後払いでは、「商品到着後、１週間以内に同封した振込用紙で代金をお支払いください」などと記載します。一方、代金引換の場合は、「商品到着時に、運送会社の係員に代金をお支払いください」などと記載します。

商品の引渡し時期について

通信販売は、注文のあった商品が消費者のもとに届くまでにどのくらいの期間がかかるかを明確に表示する必要があります。具体的には、商品の発送時期（または到着時期）を明確に表示します。前払いの場合には、「代金入金確認後○日以内に発送します」のように記載します。一方、代金引換の場合は、たとえば「お客様のご指定日に商品を配送します」と表示します。なお、「時間を置かずに」という意味で、「入金確認後、直ちに（即時に、速やかに）発送します」と記載することも可能です。

代金（対価）の支払方法について

代金の支払方法が複数ある場合には、その方法をすべて漏らさずに記載する必要があります。たとえば、

「代金引換、クレジット決済、銀行振込、コンビニ決済、現金書留」のように、支払方法をすべて列挙します。

返品の特約に関する事項について

返品の特約とは、商品に欠陥がない場合にも、販売業者が返品に応じるという特約です。返品特約については、その有無を明確に記載する必要があります。

具体的には、どのような場合に返品に応じて、どのような場合には応じないのかを明確に記載します。また、返品に応じる場合には、返品にかかる送料などの費用の負担についても明記します。たとえば、返品特約がある場合には、「商品に欠陥がない場合にも○日以内に限り返品が可能です。送料は、商品に欠陥がある場合には当方負担、欠陥がない場合には購入者負担とします」と記載します。一方、返品特約がない場合には、「商品に欠陥がある場合を除き、返品には応じません」と記載します。

なお、広告に、返品特約に関する事項が表示されていない場合は、商品を受け取った日から起算して８日以内は、消費者が送料を負担して返品（契約解除）できます。

事業者の氏名、住所、電話番号について

個人事業者の場合には、氏名（または登記された商号）、住所および電話番号を記載します。法人の場合は、名称、住所、電話番号、代表者の氏名（または通信販売業務の責任者の氏名）を記載します。

「氏名（名称）」は、戸籍上または商業登記簿に記載された氏名または商号を記載します。通称、屋号、サイト名の記載は認められません。

「住所」「電話番号」は、事業所の住所・電話番号を記載します。住所は、実際に活動している事業所の住所を省略せずに正確に記載します。

通信販売に対する規制

電話番号は確実に連絡がとれる番号を記載します。

インターネットのホームページの場合には、画面のスクロールや切り替えをしなくても、事業者の氏名、住所、電話番号等については、消費者が見たいと思った時にすぐに探せるように、画面上の広告の冒頭部分に表示したり、「特定商取引法に基づく表記」というタブからリンクを貼るなどの方法を講じるべきです。

通信販売に関する業務責任者の氏名

通信販売を手がける法人事業部門の責任者（担当役員や担当部長）の氏名を記載します。実務上の責任者であればよいので、会社の代表権を持っている必要はありません。前述した事業者の氏名、住所、電話番号と同様、責任者の表示についても、

通信販売における広告の必要的記載事項

①商品、権利の販売価格または役務の対価（販売価格に商品の送料が含まれない場合には、販売価格と商品の送料）
②商品・権利の代金または役務の対価についての支払時期と支払方法
③商品の引渡時期、権利の移転時期、役務の提供時期
④契約の申込みの撤回や解除（おもに返品制度）に関する事項
⑤販売業者・サービス提供事業者の氏名（名称）、住所および電話番号
⑥ホームページにより広告する場合の代表者・責任者の氏名
⑦申込みの有効期限があるときは、その期限
⑧購入者の負担する費用がある場合にはその内容と金額
⑨契約不適合責任についての定めがある場合にはその内容
⑩ソフトウェアに関する取引である場合のソフトウェアの動作環境
⑪商品の売買契約を２回以上継続して締結する必要があるときは、その旨及び金額、契約期間その他の販売条件
⑫商品の販売数量の制限、権利の販売条件、役務の提供条件がある場合はその内容
⑬広告表示を一部省略する場合の書面請求の費用負担があるときは、その費用
⑭電子メール広告をする場合には電子メールアドレス

画面上の広告の冒頭部分に表示することなどが求められています。

契約不適合（瑕疵担保）責任についての定め

契約不適合責任は、商品の種類・品質などが契約の趣旨に適合しない場合に、販売業者が負う責任です。契約不適合責任に関する特約がある場合にはその内容を記載する必要があります。事業者の契約不適合責任をすべて免除する旨の特約は、消費者契約法によって無効となりますので注意してください（60ページ）。

なお、特約の記載がない場合には、民法の原則に基づいて処理されます。

必要的記載事項を省略できる場合もある

広告スペースなどの関係で、必要的記載事項をすべて表示することが難しい場合には、以下の要件を満たせば、表示を一部省略できます。

まず、広告上に、「消費者からの請求があった場合には必要的記載事項を記載した文書または電子メールを送付する」旨を記載することが必要です。また、あわせて実際に消費者から請求があった場合に、必要的記載事項を記載した文書や電子メールを遅滞なく送付できるような措置を講じていなければなりません。

「遅滞なく送付」とは、消費者が購入を検討するのに十分な時間を確保できるようになるべく早く送付するという意味です。商品の購入に関して、申込期限がある場合に特に重要です。

必要的記載事項の省略と省略できない事項

原則として必要的記載事項の広告が必要

▼

請求があった場合に文書などで提供する措置をとっていれば
一部事項の記載省略が可能

▼

ただし、その場合でも、返品制度に関する事項、申込みの有効期限があるときはその期限、ソフトウェアの動作環境、販売数量の制限などの条件、省略した広告事項に関し書面請求があった場合の費用負担、電子メール広告をする場合の電子メールアドレス、については省略することは認められない。

参考書式　特定商取引法に基づく表示

特定商取引法に基づく表示

商品名	商品毎にウェブサイト上に表示しています。
代金	商品毎にウェブサイト上に表示しています。
送料	4,000円以上お買上げの場合は無料、その他の場合は全国一律400円をご負担頂きます。
代金支払方法	次のいずれかの方法によりお支払いください。 ①　クレジットカード番号を入力する。 ②　弊社指定の銀行口座へ振り込む。 ③　コンビニ決済の番号を取得してコンビニで支払う。 ④　商品を届ける宅配業者に現金で支払う。
代金支払時期	①　クレジットカードによるお支払いは商品発送の翌月以降に引き落とされます。 ②　弊社銀行口座へのお振込は商品発送前に前払いしてください。 ③　コンビニでのお支払いは商品発送前に前払いしてください。 ④　代金引換発送は商品お受取り時にお支払いください。
商品のお届け時期	代金引換の場合はお申込日から、それ以外は決済日又は入金日から１週間以内にお届け致します。
商品のお申込のキャンセル	お申込後のキャンセルはお受け致しかねます。
商品の返品について	商品不具合以外を理由とする返品はお受け致しかねます。
事業者名	株式会社スズタロダイエット
所在地	東京都○○区○○１－２－３
電話番号	03－0000－0000
通信販売業務責任者	鈴　木　太　郎

14 広告についての禁止事項

取引の申込画面であるとわかるように設計する

誇大広告等について

特定商取引法は、通信販売などについて**誇大広告等**を禁止しています。違反した事業者は、業務停止命令などの行政処分や罰則の対象になります。誇大広告等にあたる行為は「著しく事実と異なる表示」をする、または「実際のものよりも著しく優良もしくは有利であると誤認させる表示」をすることです。

また、誇大広告等は、以下の４つの事項に関して、著しく事実と異なる表示などを行った場合に問題になります。４つの事項とは、①商品・役務・特定権利の種類・品質・性能・内容などに関する事項、②商品の原産地・製造地・製造者・商標に関する事項、③国・地方公共団体・著名人などの関与に関する事項（商品の信用を高めるために、「経済産業省推薦」とウソをつくような場合があてはまります）、④特定商取引法11条が定める広告に関する必要的記載事項（110ページ）のことです。

顧客の意に反して契約の申込みをさせることはできない

インターネット上では、気がつくと商品の購入を申し込んでしまっていることがあります。このようなトラブルは、表示された画面が「商品購入の申込画面」であると消費者が認識できないために起こることが多いようです。そこで、特定商取引法はインターネット通販に関して、次の行為を「顧客の意に反して申込みを行わせようとする行為」として禁止しています。

１つ目は、有料の取引の申込画面であることを、顧客（消費者）の側が簡単にわかるように表示していないことです。２つ目は、顧客が申込みの内容を簡単に確認し、かつ訂正できるような措置を講じていないことです。

適切な申込画面を作成するポイントは、２つあります。

１つは、申込画面であると一目見てわかるように設計・表示することです。たとえば、申込みの最終段階で「注文内容の確認」というタイトルの画面（最終確認画面）を表示します。そして、最終確認画面上に「この内容で注文を確定する」と書かれたボタンを設置して、顧客がボタンをクリックすると申込みが完了するしくみにします。

もう1つのポイントは、申込内容を簡単に確認かつ訂正できるしくみにすることです。最終確認画面上に申込内容（注文内容）が表示されるようになっていれば、顧客がすぐに申込内容を確認できます。さらに、最終確認画面上に「変更」「取消」ボタンを用意し、ボタンをクリックすれば、顧客が申込内容を簡単に訂正できるようにします。

消費者の事前承諾が必要

最近では、電子メールで通販業者からの広告メールが来ることも多くあります。しかし、消費者にとっては、頼んでもいない広告メールがたくさん送られてくるのは迷惑です。

そこで、特定商取引法は、電子メール広告を送信する前にあらかじめ消費者の「請求や承諾」を得ることを義務付け、こうした請求や承諾を得ていない電子メール広告の送信を原則として禁止しています（**オプトイン規制**）。

ただし、次の場合には、事前の請求・承諾がなくても電子メール広告の送信が可能です。まず、契約の内容確認や契約履行などの重要な事項に関する通知に付随して、電子メール広告を行う場合です。また、フリーメールサービスなどの無料サービスに付随して電子メール広告を行う場合も、オプトイン規制の適用除外となります。結局、通信販売の販売業者・役務提供事業者は、法令で定められた例外に該当する場合を除いて、相手方となる消費者の承諾を得ないで電子メール広告を行うことができないことになります。

なお、ファクシミリ広告についても原則として相手方の承諾を得ずに行うことはできません。

請求・承諾を得る方法と記録の保存

電子メール広告を行うかどうかの消費者の請求・承諾については、消費者の自主的な判断によってなされる必要があります。

電子メール広告について、消費者が正しい判断を行うために、事業者が注意すべきことがあります。ある操作を行うと、電子メール広告を請求・承諾したことになると、すぐにわかるような画面を作成することです。

具体的には、商品購入に関するホームページにおいて、消費者から広告メールを送信することについての承諾を得る場合、消費者が購入者情報を入力する画面に広告メールの送信を希望する旨のチェックがあらかじめ入っている**デフォルト・オン方式**などがあります。

一方、広告メールの送信を希望する旨のチェックがあらかじめ入っておらず、希望する場合に購入者がチェックをいれる方式を**デフォルト・オフ**といいます。

ただ、デフォルト・オン方式の場合には、デフォルト・オンの表示について、画面全体の表示色とは違う表示色で表示するなど消費者が認識しやすいように明示し、最終的な申込みにあたるボタンに近い箇所に表示するとよいとされています。

また、次の２つの表示方法は、消費者が電子メールの送信を承諾する旨の表示（承諾表示）を見落としてしまう可能性があるので不適切です。具体的には、①膨大な画面をスクロールしないと承諾表示に到達できない場合と、②画面の見つけにくい場所に、読みにくい文字で承諾表示がされている場合です。その上で、通信販売業者は、電子メール広告について消費者の請求・承諾を得たことを証明する記録を保存しなければ

最終確認画面

注文内容の確認

ご注文内容の最終確認となります。
下記のご注文内容が正しいことをご確認の上、「この内容で注文を確定する」をクリックしてください。

ご注文商品・価格・個数	○○○○　2500円（税込）　1つ
お届け先	〒000-0000 東京都○○区××１－２－３　○○○○
送料・お支払い方法	送料無料　代引き（手数料○○○円）

内容を変更する　　この内容で注文を確定する

TOPに戻る（注文は確定されず、注文が取り消されます）

なりません。たとえば、ホームページの画面上で請求・承諾を得た場合には、請求・承諾を証明する文書や電子データ等を保存しておく必要があります。

メールアドレスを記載する

広告メールの配信を停止する方法がわからないと、消費者は、要らない広告メールをずっと受信し続けざるを得なくなります。そうした不都合をなくすためには、メール配信を停止する方法を消費者が知っておく必要があります。

そこで、電子メール広告には、消費者が広告の配信停止を希望する場合の連絡先を記載しなければならないこととされています。具体的には、連絡先となる電子メールアドレスやホームページアドレス（URL）を表示します。電子メールアドレスとURLは、簡単に探せる場所にわかりやすく記載します。たとえば、電子メール広告の本文の最前部か末尾などの目立つ場所に表示すれば、消費者は簡単に見つけることができます。

一方、膨大な画面をスクロールしないと電子メールアドレスやURLに到達できない場合は、不適切な記載になります。文中に紛れ込んでいて、他の文章と見分けがつかない場合も適切な表示とはいえません。消費者が電子メール広告の配信停止を希望する意思を表明したときは、事業者はその消費者に広告メールを送信できません。受信を拒否している消費者に広告メールを送信した事業者には、罰則が適用されることがあります。

オプトイン規制とオプトアウト規制

オプトイン規制

意思を表示していない者に対しては送信<u>不可</u>
事前に請求・承諾した者に対しては送信<u>可</u>という規制

⟷

オプトアウト規制

意思を表示していない者に対しては送信<u>可</u>
「送信しないでほしい」という意思を表示した者に対しては送信<u>不可</u>という規制

※特定商取引法はオプトイン規制を採用（例外あり）

特定電子メール法でも規制されている

電子メール広告は、特定商取引法の他に、**特定電子メール法**（特定電子メールの送信の適正化等に関する法律）という法律によって規制されています。特定商取引法は、広告主であるネットショップなどの通信販売事業者を規制の対象にしています。

一方、特定電子メール法は、営利を目的とした広告メールの送信者を規制する法律です。したがって、ネットショップが自ら電子メール広告を送信する場合、特定商取引法と特定電子メール法の両方が適用されます。

特定電子メール法の電子メール広告規制のポイントは次の4つです。

① 原則としてあらかじめ送信を同意した消費者に対してのみ電子メール広告の送信を認めていること

② 消費者からの同意を証明する記録の保存を義務付けていること

③ 広告宣伝メールの受信拒否の通知を受けた場合には、以後のメール送信を禁止していること

④ 広告宣伝メールに、送信者の氏名・名称、受信拒否の連絡先を表示しなければならないこと

デフォルト・オフとデフォルト・オン

●デフォルト・オフの例

資料を請求いただいた方に最新情報について掲載したメールを配信させていただいております。

□ 配信を希望する

送信

デフォルト・オフの場合、配信を希望する人がチェックすることになる

●デフォルト・オンの例

資料を請求いただいた方に最新情報について掲載したメールを配信させていただいております。

☑ 配信を希望する（希望しない方はチェックを外して下さい）

送信

デフォルト・オンの場合、配信を希望しない人がチェックを外すことになる

15 前払式通信販売

商品を受け取る前に代金を支払う

前払式通信販売とは

前払式通信販売とは、消費者が商品を受け取る前に代金を支払うという販売方法です。代金の一部を支払うこともあれば、全額を支払う場合もあります。消費者にとっては商品が届くまでは不安がつきまとう反面、事業者にとっては、商品の代金を支払ってもらえないというリスクがないため、安心で便利な販売方法といえます。

ただし、前払式通信販売という形態を悪用して、消費者からお金をとっておきながら「商品を送らない」「役務を提供しない」などのトラブルも発生しがちなため、特定商取引法では、前払式通信販売について規定を設け、事業者に通知義務などを課して消費者保護を図っています。

事業者には通知義務がある

前払式通信販売、つまり商品・特定権利・役務について、申込みをした消費者から、その商品の引渡し・権利移転・役務提供をする前に、代金・対価の一部または全部を受け取る形態の通信販売を行う場合には、事業者は消費者に対して通知をしなければなりません。具体的には、消費者から実際に申込みを受け、その代金・対価の一部または全部を受け取った場合に承諾についての通知をすることになります。

一般の通信販売では、消費者の郵便や電話などによる申込みに対して、事業者による商品の送付や役務の提供が行われれば、その行為が承諾の意味を持ちます。この場合は、申込みに対する承諾と契約の履行行為が同時に行われることになるので、承諾の通知は不要です。

しかし、前払式通信販売においては、申込みに対して事業者が承諾したのかどうかがわからないまま、消費者が代金・対価を支払っている状態になっています。これでは商品の引渡しなどが行われない可能性があり、消費者が不安定な立場に立たされるので、特定商取引法は前払式通信販売を行う場合に、事業者に対して承諾についての通知義務を課したのです。

違反するとどうなるのか

前払式通信販売の場合は、事業者には、消費者に対して承諾・不承諾をはじめ、一定の事項を通知する義務があります。通知義務違反をした事業者は、指示や業務停止命令などの行政処分や罰金といった制裁の対象となります。

通知の内容・方法

事業者が通知すべき内容は、①申込みを承諾するかどうかについて、②事業者の氏名（名称）、住所、電話番号、③受け取った金額の合計額、④代金等を受け取った日、⑤申込みを受けた内容（商品名や数量、権利や役務の種類）、⑥申込みを承諾するのであれば、商品の引渡時期、権利の移転時期、役務の提供時期、です。また、特定商取引法は「遅滞なく」通知することを義務付けているので、書面では郵送等の日数を考慮して３～４日程度、電子メール等であれば１～２日以内に通知をする必要があるといえるでしょう。

プロバイダへの責任追及は難しい

前払式通信販売ですでに代金を支払ったのに品物が届かないという場合、販売業者だけでなく広告を行った事業者に責任を追及したいところですが、これらの事業者は単に広告をするためのスペースを提供しているにすぎず、責任を追及するのは難しいのが現実です。ネット通販の場合であっても同様に、プロバイダ（インターネットの接続業者のこと）への責任追及は困難だといえます。

前払式通信販売のしくみ・トラブル

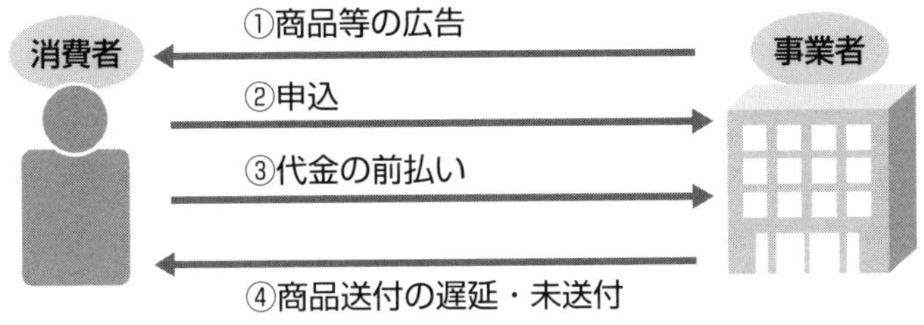

16 ネットオークションと通信販売

事業者に該当すると特定商取引法の規制が適用される

ネットオークションとは

インターネット上での取引で主流となっているものに、**ネットオークション**と呼ばれるものがあります。

オークションハウスなどでコレクターや資産家などが競り落とす敷居の高いオークションと違い、インターネット上のオークションは一般の人が気軽に参加できるのが特徴です。そのため、ネットオークションは、電子商取引と言われる商取引の中でも、一般の消費者同士の間で行われることがよくあります。

消費者間で取引が行われる場合には、通常の対等な当事者間での取引となるため、商行為にはあたらず（商法は適用されません）、原則として民法が適用されます。一方、最近では商取引を行う事業者も、積極的にネットオークションへ参加しています。ネットオークションでの取引の相手方が事業者の場合は、商行為を規律する商法に加えて、消費者契約法や特定商取引法など、消費者を保護する法律が適用されます。

ネットオークションと特定商取引法

ネットオークションを通じて販売を行っている場合、特定商取引法の対象となる場合があります。個人が年に数回ネットオークションで不要品を出品する程度であれば、特定商取引法は適用されません。

しかし、個人であっても取引が頻繁になり、ネット通販業者と同程度にまで達すると、特定商取引法が適用されます。

経済産業省は、出品商品数と落札額の合計額が一定の水準を超える場合には、個人でも事業者に該当するとみなし、特定商取引法を適用するという方針を示しています。

具体的には、すべてのカテゴリー・商品に共通する目安として、出品数については「過去１か月に200点以上」または「ある時点で100点以上」商品を新規出品していることが、特定商取引法を適用する目安です。落札額の合計については「過去１か月に100万円以上」または

「過去１年間で1,000万円以上」が適用の目安となります。

また、特定のカテゴリー・商品については、その特性に着目した目安が示されています。たとえば、CD・DVD・パソコン用ソフトについては、同一の商品を一時点において３点以上出品している場合には、事業者にあたると考えられています。事業者でなければ、メーカー、商品名、コンテンツ等がすべて同一のCD等を同時に３点以上出品することは考え難いためです。ブランド品についてはブランド品を一時点において20点以上出品している場合には事業者にあたると考えられます。ブランド品は個人であってもインターネットオークションに出品する機会が多い商品といえますから、20点以上の多数にわたる出品の場合に事業者にあたると判断されるのです。

特定商取引法が適用される場合は、広告の際の必要的記載事項の記載、誇大広告等の禁止などの義務が課されます。

ネット・オークションのしくみ

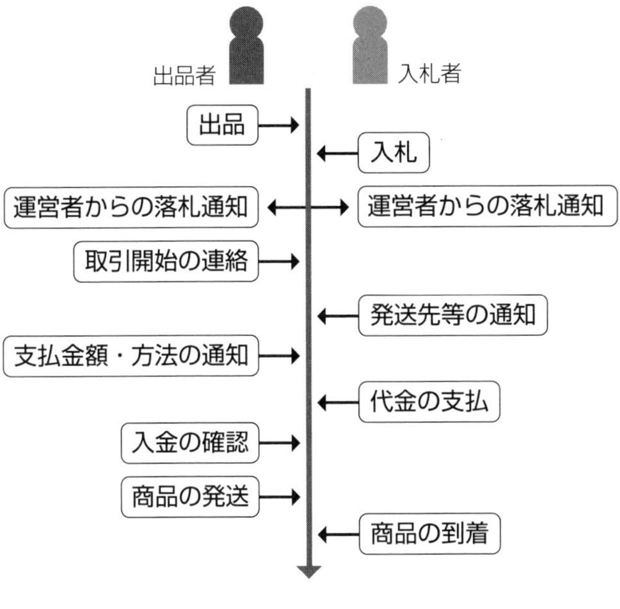

17 電話勧誘販売

突然電話がかかってきて売り込みが行われる

電話勧誘販売とは

電話勧誘販売とは、業者が消費者の自宅や職場へ突然電話をかけて商品などを売り込み、それにより消費者が電話・FAX・メールといった通信手段で申し込む販売方法です。

電話勧誘は事業者にとっては、簡単で低コストな営業手段です。しかし、電話勧誘が持つ特性上、消費者が十分納得しないまま、契約を締結させられてしまうトラブルが後を絶ちません。電話勧誘の特性とは、不意に商品を見ることもなく契約させることができる、密室の会話と同じく他者の介入を受けない、忙しいとわかっていながら会話を終わらせなかったり何度も繰り返し電話をかけたりすると断りにくい状況が作り出せる、といったことです。

電話勧誘販売の**勧誘**とは、事業者が消費者の契約意思を決める過程に影響を与える程度の進め方のことです。「今回特別にこのお値段で提供します。今がチャンスですよ」と安さを強調したり、「これを使えばお肌が見違えてきます」というように、役に立つ商品であると強調したりすることなどが勧誘にあたります。実際には、事業者が消費者に電話をかけたのに契約締結の意思形成に影響を与えないということは想定しがたいといえます。

法規制はどうなっているのか

電話勧誘販売については、以下の３つの要件を満たす販売方法に対して特定商取引法が適用されます。

① 販売業者や代理業者が、電話をかける、またはDMやFAXで販売目的を隠して電話をするよう促したり、「抽選で商品を安価で購入する権利が当たった」などと騙ったりして消費者に電話をかけさせる。

② 電話で契約の勧誘を行う。

③ 顧客から郵便等で契約の申込みを受け、商品・特定権利の販売や役務の提供を行う。

電話勧誘販売の対象

商品の販売や役務の提供について

は電話勧誘販売の対象がどんなものであっても、原則として特定商取引法が適用されます。

一方、権利の販売については、特定権利（82ページ）だけが対象になります。具体的には、スポーツジムの会員権や演劇鑑賞権、社債や株式などがこれにあたります。

どのような規制があるのか

電話勧誘販売には、①氏名等の明示義務、②勧誘継続、再勧誘の禁止、③指定事項を記載した書面の交付義務、④前払式電話勧誘販売における承諾等の通知義務、⑤不実のことを告げる行為、故意に事実を告げない行為、威迫行為の禁止といった規制が設けられています。

氏名等の明示義務

販売業者または役務提供事業者は、電話勧誘販売をするとき、勧誘に先立って、①事業者の氏名または名称、②勧誘を行う者の氏名、③商品・特定権利・役務の種類、④電話が勧誘を目的とするものであること、について伝えなければなりません。つまり、相手が電話に出たら最初に会社名と担当者の氏名を名乗り、「○○という商品をご紹介させていただこうと思い、お電話いたしました」などと、勧誘が目的の電話であることを告げなければならないのです。

勧誘継続・再勧誘の禁止

電話勧誘販売において、相手が契約を締結しないという意思を示した場合、事業者は、その契約について勧誘を続けたり、再度勧誘の電話をしてはいけません。

契約を締結しない意思表示とは、「興味がありません」「契約しません」といった言葉です。また、「もう電話しないでください」「迷惑です」

電話勧誘販売のしくみ

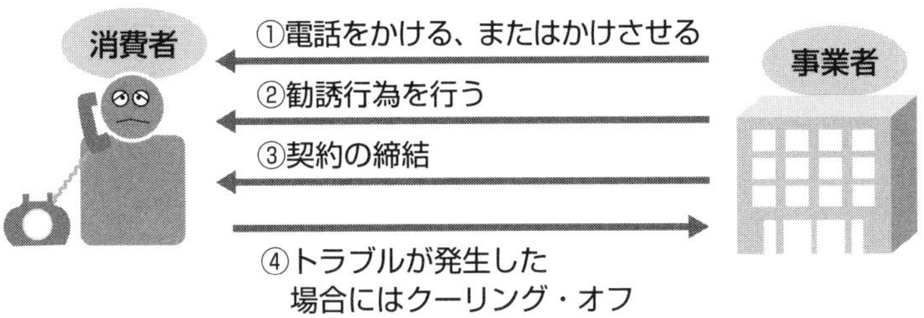

という言葉や黙示で事業者とのやりとり自体を拒絶することも、契約を締結しない意思表示とみなされます。

書面には何を記載するのか

電話勧誘販売を行う事業者は、契約の申込時もしくは締結時に、法律および主務省令に指定された事項が記載された書面を遅滞なく消費者に渡さなければなりません。

指定されているおもな記載事項は、①商品・特定権利・役務の種類、代金・対価やその支払時期・方法、②商品引渡し、権利移転、役務提供開始の時期、③クーリング・オフの行使に関する事項、④事業者の連絡先および代表者の氏名、⑤担当者の氏名、⑥契約申込みの年月日または契約締結の年月日、⑦商品の名前・型式または権利や役務の内容、⑧商品の数量、⑨契約不適合（瑕疵担保）責任および契約の解除に関する事項、⑩その他に特約を定めた場合にはその内容、です。書面は、内容を十分に読むべき旨を赤枠の中に赤字で記載し、8ポイント以上の大きさの文字と数字を用いなければなりません。

ただし、電話勧誘販売では、①販売業者が契約不適合（瑕疵担保）責任を負わない旨、②購入者からの契約の解除ができない旨、③事業者に責任がある事由による契約解除で購入者が民法の定めよりも不利になる規定、④その他法令に違反する特約、を記載することは禁止されています。

書面はいつまでに交付するのか

申込時や契約締結時に必要な書面は、事業者が購入者へ「遅滞なく」交付しなければなりません。「遅滞なく」とは、おおむね3～4日以内のことを意味すると考えてよいでしょう。

書面の交付には、申込みや契約の内容を明確にし、消費者が契約の意思決定に関する判断を適切にできるようにするねらいがあります。

電話勧誘販売における禁止行為

特定商取引法では、電話勧誘販売における禁止行為を定めています（特定商取引法21条）。禁止行為は、以下の3つです。

① 不実の事項を告げる行為
② 故意に事実を告げない行為
③ 威迫によって契約させるまたは解約をさせない行為

①または②に違反する行為があって、それにより事実を誤認して申込みやそれを承諾する意思表示をしてしまった場合は、その意思表示を取

り消すことができますし、消費者契約法４条に基づいて取り消す（消費者取消権）ことも可能です。

前払式電話勧誘販売の場合の注意点

電話勧誘販売で前払式の取引をする場合、契約の成立が不明確になりやすく、購入者側は履行がなされるかどうか不安な状況になります。そこで、特定商取引法では、前払式の電話勧誘販売を行う場合、事業者に承諾等の通知義務を課しています。

承諾などの通知が必要になるのは、契約の履行に先立って代金や対価の一部または全部を受領する場合です。

ただし、代金や対価の受領後に遅滞なく契約の履行がなされる場合は除きます。

承諾通知には、承諾をするかしないかをまず記載して、承諾する場合には商品の引渡時期（または権利の移転時期や役務の提供時期）を記載します。承諾をしない場合は返金の意思と返金方法を記載します。また、承諾の有無にかかわらず、事業者名と連絡先、受領済み金額、受領日、申込みを受けた商品名と数量（または権利や役務の内容）を記載します。

この承諾通知の書面も、申込時または契約時の書面と同様に、８ポイント以上の大きさの文字・数字で記載しなければなりません。

書面の記載事項と書面に記載してはいけない事項

申込書面または契約書面の記載事項

① 商品・特定権利・役務の種類、代金・対価やその支払時期・方法
② 商品引渡し、権利移転、サービス提供開始の時期
③ クーリング・オフについて
④ 事業者の連絡先および代表者の氏名
⑤ 担当者の氏名
⑥ 契約の申込または契約の締結をした年月日
⑦ 商品の名前や型式、権利やサービスの内容
⑧ 商品の数量
⑨ 契約不適合（瑕疵担保）責任および契約の解除に関する事項
⑩ 特約がある場合には特約について

⇔

書面に記載してはいけない事項

① 販売業者が契約不適合（瑕疵担保）責任を負わないという規定
② 購入者からの契約の解除ができないという規定
③ 事業者に責任がある事由による契約解除で、購入者が民法の定めよりも不利になる規定
④ その他法令に違反する特約

18 電話勧誘販売とクーリング・オフ

不意打ちで冷静に判断できなかった場合には解除する

電話勧誘販売でもクーリング・オフすることができる

電話勧誘販売は、ある日突然電話がかかってきて（もしくはかけるように要請されて）勧誘を受けるという「不意打ち性」があり、消費者が意に反して契約を結んでしまいがちな販売形態であるため、クーリング・オフ制度で消費者の保護をはかっています。クーリング・オフの制度自体は訪問販売と同様です。

電話勧誘販売におけるクーリング・オフは、①電話勧誘販売であること、②権利の購入契約の場合には特定権利（82ページ）であること、③法定の書面の交付を受けてから8日以内であること、④クーリング・オフの例外や適用除外事項に該当しないこと、の要件を満たした場合に行うことができます。

クーリング・オフの対象外のもの

上記の要件のうち「④クーリング・オフの例外や適用除外事項に該当しないこと」について具体的に見ていきましょう。電話勧誘販売で購入した商品などが以下のいずれかに該当する場合、クーリング・オフは適用されません。

①　乗用自動車の電話勧誘販売

乗用自動車については、通常、その販売条件についての交渉が、事業者と購入者との間で相当の期間にわたって行われ、購入しようとする意思が固まっているため、クーリング・オフを認めるとかえって契約関係が不安定になってしまいます。そこで、乗用自動車の販売はクーリング・オフの対象から除外されています。同様の理由で、自動車の貸与（リース）についてもクーリング・オフの対象外とされています。

②　政令指定消耗品を使用・消費してしまった場合

化粧品や殺虫剤など、使用・消費によって価値が失われてしまうとされている政令指定消耗品（97ページ）は、一部でも使用・消費するとクーリング・オフすることができません。このような消耗品については、使用または消費後もクーリング・オフを認めることは、事業者に不合理な負担を過度に負わせることになるためです。

③　現金取引で代金または対価が3000円に満たない場合

現金取引で購入した商品などの代金・対価が3000円未満の場合にはクーリング・オフすることができません。クーリング・オフは事業者に帰責性がなくても事業者に商品の引き取りや代金返還のコストを生じさせるものですから、一定の金額以上の取引に限ってクーリング・オフを認めることで、消費者保護とのバランスを取っています。

クーリング・オフするとどうなるのか

クーリング・オフが成立すると、申込みや契約はなされなかったことになり、以下のような効果が生じます。

①　購入者は、損害賠償や違約金を請求されない。

②　商品の引渡しや権利の移転があった後にクーリング・オフがなされた場合、その引き取りまたは返還の費用は事業者の負担となる。

③　購入者は、すでに施設を利用したり役務の提供を受けたりしていたとしても、その使用料金などの対価を請求されない。

④　事業者は、その契約に関連して受け取っている金銭があれば、これを返還しなければならない。

⑤　契約の履行に伴って土地や工作物の現状が変更されている場合、購入者は無償での原状回復を請求できる。

クーリング・オフの効果について消費者に不利になるような特約を定めても無効となります。

電話勧誘販売でクーリング・オフが認められるための要件

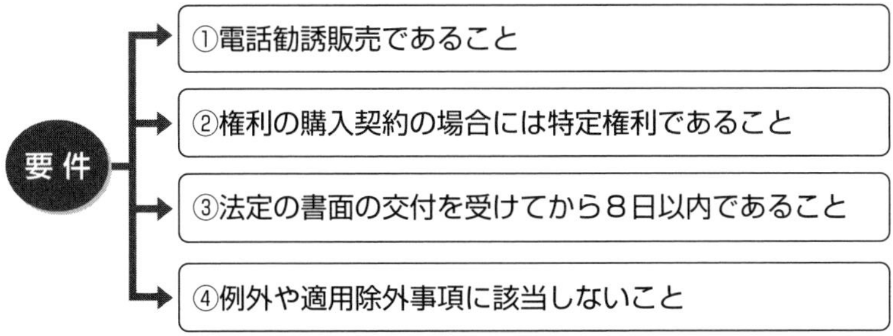
要件
①電話勧誘販売であること
②権利の購入契約の場合には特定権利であること
③法定の書面の交付を受けてから８日以内であること
④例外や適用除外事項に該当しないこと

19 訪問販売・通信販売・電話勧誘販売と適用除外

すべての取引に特定商取引法が適用されるわけではない

特定商取引法が適用されないケースもある

訪問販売・通信販売・電話勧誘販売について見てきましたが、訪問販売・通信販売・電話勧誘販売であっても、特定商取引法の適用が除外され、クーリング・オフの制度の適用がなくなる場合があります。適用除外となるケースは、特定商取引法26条で規定されています。大まかにいうと、消費者として保護する必要のない取引や、信用上問題がない取引、他の法律で保護が図られている取引は対象外になると考えてください。おもな適用除外のケースについて、以下で見ていきましょう。

・購入者が営業として行う取引

たとえば、訪問販売であっても申込者や購入者が「営業のために」もしくは「営業として」締結する取引には、特定商取引法は適用されません。特定商取引法は、事業者を規制して消費者を保護することを目的としている法律です。そのため、申込者や購入者が営業を行う者であれば、取引に充分慣れているといえますので、保護の必要はないと考えているのです。営業に関する商取引の迅速性・安定性が妨げられることがないようにする、という意図もあります。

・海外との取引

海外にいる者に対する販売やサービス（役務）の提供といった取引について、特定商取引法は適用されません。購入者が海外にいる場合は、特定商取引法を適用するよりはむしろ一般の商慣行にまかせる方が適当であると考えられるためです。

・国や地方公共団体が行う取引

一般の事業者ではなく、国や都道府県、市区町村が行う販売やサービスの提供といった取引は特定商取引法の対象外です。国や地方公共団体が行う場合は消費者保護に欠けることはないものと考えられるためです。

・組織内部の取引

事業者がその従業者に対して行う販売やサービスの提供や、労働組合などの団体がその構成員に対して行う販売やサービスの提供は特定商取引法の対象外です。団体の内部自治を優先するためです。

・他の法律で保護が図られている取引

弁護士が行う役務の提供、金融商品取引、宅地建物取引、旅行業者の行う旅行役務の提供といった取引については、それぞれの取引の安全を図るための法律が別に存在するので、特定商取引法の対象外とされています。

訪問販売の規制が適用されない場合

訪問販売の場合でも、その住居で契約を結ぶことを請求した消費者との間の契約には、特定商取引法が適用されません。

また、販売業者やサービスの提供事業者が定期的に住居を巡回訪問し、勧誘を行わずに結ばれる契約についても、特定商取引法の訪問販売の規制が適用されないものとされています。訪問販売に対する規制は、もっぱら押し付け販売的なものから消費者を保護することに目的があり、そのようなおそれがなく、日常生活において支障なく行われている同様の形態の取引についてまで規制を及ぼす必要はないからです。

特定商取引法の適用が除外されるおもな事項

除外の種類	例
おもな適用除外事由	①事業者間取引の場合 ②海外にいる人に対する契約 ③国、地方公共団体が行う販売または役務の提供 ④労働組合などが組合員に対して行う販売または役務の提供 ⑤事業者が従業員に対して行った販売または役務の提供 ⑥株式会社以外が発行する新聞紙の販売 ⑦他の法令で消費者の利益を保護することができる等と認められるもの
適用除外事由⑦の具体例	・弁護士が行う弁護士法に基づく役務の提供 ・宅地建物取引業法に基づいて宅地建物取引業者が行う商品（宅地建物）の販売または役務の提供

電話勧誘販売の規制が適用されない場合

電話勧誘販売では、以下の①または②に該当する場合は、電話勧誘販売の規制が適用されなくなります（適用除外）。

具体的には、申込書面や契約書面の交付義務が生じません。また、事実でないことを告げたり、故意に事実を告げなかったりした場合の行政処分・罰則や、クーリング・オフおよび損害賠償額の制限に関する規定も適用されなくなります。

① 消費者が「契約をしたいので電話をかけてきてほしい」と業者に請求した場合の電話勧誘販売

ただし、消費者が電話を請求した場合であっても、勧誘の目的を隠している業者に電話の請求をさせられた、と認められる場合には、適用除外になりません。

たとえばビラでアンケートなどを装って「ハガキに必要事項をご記入の上お送りください」などと記載し、送られてきたハガキに書かれた番号へ勧誘電話をするような場合です。

適用除外の対象は、「契約の申込みや締結のため」の電話を請求した場合ですから、その意思が明確でない場合は適用除外になりません。「商品を購入したいのですが…」などと契約の意思が消費者から明確に示された場合のみ、適用除外の対象です。

② これまで１年間に２回以上取引がある事業者と消費者との間での、電話勧誘による慣例的な取引

電話勧誘取引であっても、事業者と消費者の取引が継続的取引といえるような場合は、適用除外となります。

割賦販売法が優先的に適用される場合

電話勧誘販売や訪問販売では、代金をその場で支払うケースよりもローンを組んで分割払いで購入するというケースの方が多いでしょう。

このように分割払いで商品を購入する場合、特定商取引法だけでなく割賦販売法の適用対象ともなるため、適用される規定が調整されています。

たとえば、特定商取引法では訪問販売や電話勧誘販売が解除された際に、事業者が購入者に請求できる損害賠償の金額は一定限度に制限されていますが、その訪問販売や電話勧誘販売が割賦販売法の割賦販売に該当する場合には、特定商取引法の規定は適用されません。割賦販売法で同様の規定が置かれているため、購入者が不当に害される危険がないためです。

また、事業者の書面の交付義務については、特定商取引法と割賦販売法が重複して適用されることになります。

政令指定消耗品にクーリング・オフが適用されない場合

訪問販売と電話勧誘販売において、使用や一部の消費によって価額が著しく減少するおそれがある商品として政令で定められている健康食品や化粧品など（政令指定消耗品）は、使用または消費するとクーリング・オフ制度が適用されなくなります（97ページ）。

たとえば、健康食品の封を開けて中身を少しでも食べてしまった場合には、クーリング・オフができなくなるので気をつけなければなりません。

クーリング・オフが認められないケース

- 飲食店の飲食など提供が契約締結後すぐに行われるサービス
- 自動車の契約など交渉が長期間行われる取引
- 葬儀や生鮮食品など契約後速やかに提供しないと著しく利益が害されるサービス
- 健康食品、化粧品など政令指定消耗品の取引で消費者が使用・消費した場合
- 3000円（税込）未満の現金取引
- 購入者が請求して購入者の自宅で行った取引や御用聞き、継続取引

↓

クーリング・オフできない

20 連鎖販売取引

マルチ商法自体は違法でないが規制に従う必要がある

連鎖販売取引とは

連鎖販売取引とは、消費者を販売員として勧誘し、さらにその人に次の販売員を勧誘させる形で、組織を連鎖的に拡大して行う商品やサービス（役務）の取引です。「マルチ商法」と呼ばれることが多いですが、最近では「ネットワークビジネス」と呼ばれることも増えています。

たとえば、会員になると販売員として化粧品の販売が可能になる組織があるとします。販売員は商品の仕入代金の支払いが必要ですが、他人を勧誘して会員（販売員）にすると、仕入代金の一部が返還されるしくみがとられています。そのため、販売員は勧誘を熱心に行うので、組織は拡大していきます。

しかし、実際には連鎖販売取引によって利益が得られるのは、販売組織の上層部にいる限られた人たちのみです。組織が大きくなるのに比例して会員を増やしていくことは難しくなるのが実情です。そこで、会員となる消費者を保護するために、連鎖販売取引は特定商取引法で規制されているのです。

ネズミ講との違い

ネズミ講とは、金銭を支払って加入した人が、他に２人以上の加入者を紹介・あっせんし、その結果、出費した額を超える金銭を後で受け取るというものです。ネズミ講は「無限連鎖講の防止に関する法律」に違反する行為です。

連鎖販売取引もネズミ講と似たシステムで、組織の販売員になり、自分の下位に販売員を増やすことで利益を得ます。連鎖販売取引とネズミ講は、組織の形態としては基本的に同じですが、連鎖販売取引は商品や役務の販売組織であり、販売という実体があります。

そのため、ネズミ講が全面的に違法（禁止）であるのに対し、連鎖販売取引は販売方法自体は違法ではないが、特定商取引法で規制を加えるという対応がとられています。

規制対象となる取引とは

以下の要件をすべて満たす販売形態が連鎖販売取引です。

① 物品の販売もしくは有償での役務の提供

前述したネズミ講と区別するために重要となる要件です。

「物品」には、商品などの動産が含まれる他、「施設を利用し又は役務の提供を受ける権利」も含まれますが、土地・建物といった不動産は含まれないとされています。

「販売」には、おもに対価の支払いによって所有権が相手に移転することが含まれ、レンタルやリースは含まれないとされています。

役務の提供は、有償によるものが規制対象となります。

② 再販売、受託販売もしくは販売のあっせん、役務の提供もしくはそのあっせんをする者の誘引

再販売とは、販売目的で購入し、後にそれを別の相手に販売することです。たとえば、化粧品の消費目的だけではなく、別の誰かへの販売目的でも購入した場合は、再販売目的での購入ということになります。

受託販売とは、商品の所有者から委託を受けてその商品を販売することです。特定商取引法では、物品の再販売、受託販売もしくは販売のあっせんに関する誘引（勧誘）を行うことを規制対象としています。

さらに、役務の提供もしくはそのあっせんに関する誘引を行うことも、同じように規制対象となります。

連鎖販売取引のしくみ

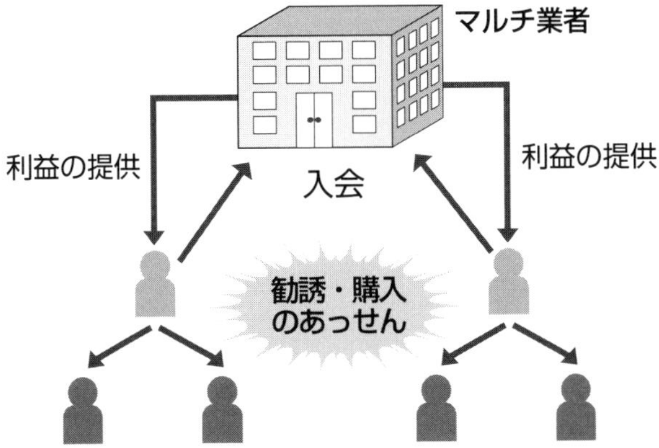

③　特定利益が得られると誘引

特定利益とは、組織に入り商品の購入や役務の利用をさせたり、あっせんしたりすることで得られる利益です。連鎖販売取引では特定利益が得られることを売り文句として、消費者を組織に勧誘します。たとえば、「会員を増やして化粧品を購入させることができれば、代金の10%が手に入る」というケースでは、この10%の報酬が特定利益にあたります。

その他、よくある例としては、会員を増やすことで得られる利益や、自分の獲得した会員や自分より下位にいる組織の会員の売上げに応じて得られる利益なども特定利益とみなされています。 このような利益になるお金には入会金以外にも、取引料、保証金、加盟料などのさまざまな名前が使われますが、似たような性質を持っていれば、これらを得ることはすべて特定利益と扱われます。

④　特定負担を伴う取引

特定負担とは、商品の購入や役務の対価の支払い、または取引料（組織への参加や取引条件の変更の際に支払われる金品）の提供を意味します。たとえば、組織の入会時に必要な入会金や保証金、組織の中で地位の変化に伴って支払うお金や、自分が商品を販売するために必要な購入代金や経費といった出費など、その名前はさまざまです。

特定負担については、かつては2万円より低い金額であれば、連鎖販売取引にはあてはまらないとされていましたが、現在では金額の条件は撤廃されているので、いくらからでも規制対象となり、クーリング・オフも可能になっています。

連鎖販売取引の当事者とは

連鎖販売取引には、統括者、勧誘者、一般連鎖販売業者、無店舗個人といった人物が関係していきます。

統括者とは、「一連の連鎖販売業を実質的に統括する者」を指します。たとえば、販売業務の指導や契約約款を作成した人であり、事実上の経営トップが統括者となります。

勧誘者とは、説明会で勧誘を行うなど、「統括者が連鎖販売取引について勧誘を行わせる者」を指します。

一般連鎖販売業者とは、「統括者または勧誘者以外の連鎖販売業を行う者」のことです。一般連鎖販売業者のうち、店舗やそれに類似する設備以外の場所で取引を行う個人のことを無店舗個人といい、特定商取引法上の保護の対象になります。

21 連鎖販売取引の規制

連鎖販売取引にはさまざまな規制が設けられている

連鎖販売取引の書面交付義務とは

連鎖販売取引において義務付けられている書面には概要書面と契約書面があります。なお、令和３年成立の特定商取引法改正で、交付の相手方の同意を条件に、書面ではなく電磁的方法（電子メールの送信など）で行うことが可能になります。

① **概要書面について**

連鎖販売業を行う者が、会員となろうとする消費者（連鎖販売取引にともなう特定負担をしようとする無店舗の個人に限ります）との間で、特定負担について契約しようとするときは、契約締結前に、主務省令に定められた連鎖販売業の概要を説明する事項を記載した書面を交付しなければなりません。

② **契約書面について**

契約書面は、連鎖販売契約（連鎖販売業に関する連鎖販売取引についての契約）の締結後、遅滞なく（通常２～３日以内）交付しなければなりません。その記載方法は、概要書面と同様、赤枠赤字の注意記載、文字サイズ８ポイント以上といった規制があります。特にクーリング・オフに関する事項は、赤枠に赤字で記載することが必要です。

契約書面には何を記載するのか

連鎖販売取引について契約をした場合、連鎖販売業を行う者が会員となった消費者（無店舗の個人に限ります）に対して交付する契約書面には、おもに以下の事項を記載する必要があります。なお、概要書面と契約書面は別個に交付する必要があり、片方だけを交付するという取扱いは特定商取引法違反です。

① **統括者や連鎖販売取引を行う者の名前・住所・電話番号**

連鎖販売取引を行う者が統括者でない場合、その者の氏名（名称）、住所、電話番号もあわせて記載します。

② **商品や役務の種類など**

たとえば、販売するのが商品の場合は、商品の種類、性能、品質に関する事項を記載します。

③ **販売条件に関する事項**

商品の再販売、受託販売もしくは販売のあっせんや、役務の提供もしくはそのあっせんに関する条件を記載します。

④　**特定利益の内容など**

特定利益の内容を記載します。反対に、特定負担の内容は概要書面に記載しますが、特定負担以外の義務の内容は契約書面に記載します。

⑤　**契約解除に関する記載**

連鎖販売契約に関する重要な事項は概要書面に記載します。しかし、クーリング・オフや中途解約などの契約解除に関する事項は、契約書面にもあわせて記載します。特にクーリング・オフについては、契約書面の交付日を1日目として20日間がクーリング・オフの対象期間であることを記載します。

⑥　**抗弁権の接続に関する事項**

割賦販売法に基づく抗弁権の接続（179ページ）について記載します。

⑦　**法令に規定される禁止行為**

特定商取引法では、後述する不実告知や故意の事実不告知を禁止していますが、これらの禁止行為に違反していないことを記載します。

不実告知・故意の事実不告知とは

連鎖販売取引では、消費者を勧誘する際に、または契約締結後に消費者が契約解除をするのを妨げるために、消費者の判断に影響を及ぼす重要事項に関して故意に事実を告げないこと（故意の事実不告知）や、重要事項に関して事実と異なる内容を告げること（不実告知）が頻繁に起こっています。特定商取引法では、

概要書面と契約書面

概要書面

→契約締結前に消費者に説明するための書類
（例）商品の種類・性能・品質は、重要事項の記載で足りる

契約書面

→契約を締結したときに消費者に交付する書類であるため、概要書面よりも詳しい記載がなされている
（例）商品の種類・性能・品質は、重要事項に限らず､具体的かつ詳細に記載することが求められる

統括者や勧誘者などによるこれらの行為を禁止しています。

不実告知とはウソを言うこと、**故意の事実不告知**とは不利な事実をあえて告げないことです。販売物の品質や性能に関してウソを言うことや、入会して儲かった会員の例だけを説明し、損した会員の例をあえて話さないことも禁止されます。

さらに、販売する商品の種類・品質・性能に関する事項だけでなく、特定負担、特定利益、契約解除の条件なども重要事項にあたるため、これらに関する不実告知や故意の事実不告知が禁止されます。たとえば、クーリング・オフの行使を妨げるために、「この取引はクーリング・オフができない」とウソのことを伝える行為が禁止されます。

その他禁止されている勧誘行為

消費者への勧誘時などに以下の行為をすることも禁止されています。

① 威迫行為

勧誘の際や契約解除を妨げるために消費者を威迫して（おどして）困惑させることが禁止されます。

② 勧誘目的を伝えずに行う勧誘

連鎖販売取引の勧誘であることを告げずに店舗などに消費者を誘い込むことが禁止されます。

広告する場合の注意点

連鎖販売取引の広告をする場合は、下図の事項を記載することが必要です。連鎖販売取引も通信販売と同様にオプトイン規制であるため、事前に承諾していない人への広告メールの送信は認められません。

連鎖販売取引について広告を出す場合の表示事項

① 商品や役務などの種類
② 特定負担に関する事項
③ 特定利益について広告を行う場合には、その計算方法
④ 統括者等（統括者、勧誘者、一般連鎖販売業者）の氏名（名称）、住所、電話番号
⑤ 法人がインターネットを利用して広告を行う場合には、当該統括者等の代表者または連鎖販売業に関する業務の責任者の氏名
⑥ 商品名
⑦ 電子メール広告をするときは、統括者等の電子メールアドレス

22 連鎖販売取引と契約の取りやめ

連鎖販売取引のクーリング・オフ期間は20日間

クーリング・オフは書面交付から20日以内にすればよい

連鎖販売取引にもクーリング・オフ制度が導入されています。連鎖販売取引のクーリング・オフ期間は20日間であり、訪問販売や電話勧誘販売の８日間と比べて長めに設定されています。具体的には、連鎖販売取引のクーリング・オフ期間は、消費者（無店舗の個人に限ります）が契約書面を受け取った日（起算日）から起算して20日間です。契約書面が交付されていても、記載事項に不備がある場合には、不備のない書面が交付されるまでは20日間のカウントが始まりません。

起算日の例外とは

連鎖販売取引では、契約書面の交付後しばらくしてから商品が送られてくることがあります。その場合、大量の商品を見て不安になり、クーリング・オフをしたいと思っても、契約書面の交付から20日間が経過していることが考えられます。

そこで、契約書面の交付よりも商品の引渡しが後になる場合には、例外として、最初の商品引渡日をクーリング・オフ期間の起算日とすることが定められています。

クーリング・オフ妨害があった場合は、妨害の解消後、再交付書面を受け取った日から起算して20日間クーリング・オフが認められます。

クーリング・オフの効果

クーリング・オフをするには、期間内に契約解除の意思を書面により明示します。クーリング・オフは書面を発信した時点から効力を生じます（発信主義）。発信した日付や内容を証明するために、通常は内容証明郵便を利用します。

なお、令和３年成立の特定商取引法改正で、クーリング・オフの通知について、書面ではなく電磁的方法（電子メールの送信など）で行うことが可能となります。

クーリング・オフが成立すると、事業者から損害賠償や違約金を請求されることなく契約が解除されたものとみなされます。したがって、消費者が引渡しを受けた商品は、事業者に引き取ってもらうことができます。消費者は引取費用を負担する必要がありません。契約書面などに損害賠償や違約金、引取費用などを消費者が負担するとの特約があっても、それらは無効となります。

連鎖販売契約の中途解約とは

連鎖販売契約（連鎖販売取引に関する契約）を結んで組織に加入して会員になった消費者（無店舗の個人に限ります）は、契約書面の受領日から起算して20日を経過してクーリング・オフができないとしても、いつでも自由に連鎖販売契約を中途解約する権利が認められています。

この場合、事業者の消費者に対する損害賠償額に制限が設けられているため、損害賠償額の予定や違約金の定めに関する不当な特約は無効となります。

商品販売契約の解除とは

連鎖販売契約を中途解約して退会した人は、入会後１年以内の店舗を持たない個人であること、引渡しから90日を経過していない商品であることなどの条件を満たせば、連鎖販売取引に関する商品の販売契約を解除することもできます。

商品販売契約に高額な損害賠償の予定や違約金の特約があると、消費者の負担が大きく解除できないおそれがあるため、損害賠償額に制限が設けられています。具体的には、契約時に損害賠償の予定や違約金の特約があっても、消費者に対して、以

特定商取引法の各取引とクーリング・オフ

訪問販売・電話勧誘販売・特定継続的役務提供 →	クーリング・オフは契約書面の交付日から起算して８日以内に行う
連鎖販売取引・業務提供誘引販売取引 →	クーリング・オフは契約書面の交付日から起算して20日以内に行う
通信販売 →	クーリング・オフは認められていないので返品制度等で対応する

下の①または②の額に法定利率による遅延損害金を加えた金額を超える支払請求はできません。

① 商品が返還された場合または引渡し前である場合は、商品の販売価格の10%に相当する額

② 商品が返還されない場合は、商品の販売価格に相当する額

これにより、退会したが大量の商品の代金支払いが負担となっている人や、大量の商品を抱えているために退会をためらっている人も保護されます。なお、この規定は、連鎖販売業についての商品や役務を割賦販売により販売・提供する場合には適用されません。

連鎖販売契約の取消しができる場合

統括者や勧誘者などによる故意の事実不告知または不実告知により消費者（無店舗の個人に限ります）が事実を誤認し、それによって連鎖販売契約をしたと認められる場合には、その契約を取り消すことができます。取消権の行使期間は、事実誤認に気づいた時から１年間または契約締結時から５年間です。

ただし、取り消される事実があることを知らず、かつ、知らないことに過失がなく取引関係に加わった第三者に対しては、連鎖販売契約の取消を主張できません。

連鎖販売取引で契約をとりやめる方法

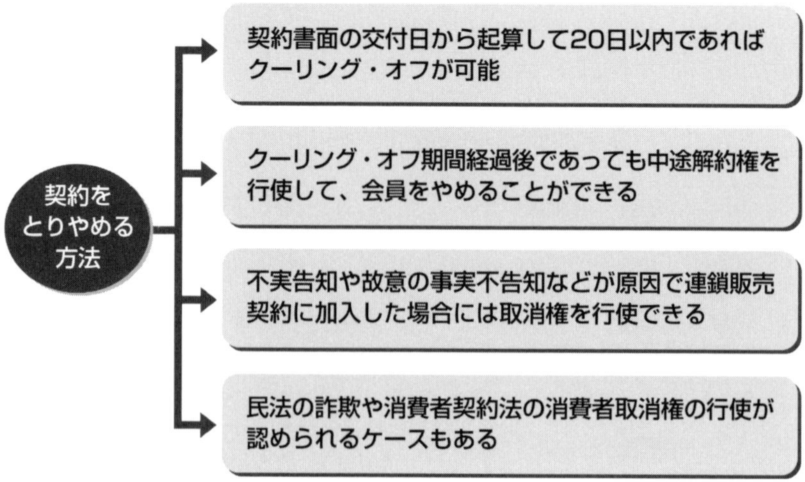

契約をとりやめる方法
契約書面の交付日から起算して20日以内であればクーリング・オフが可能
クーリング・オフ期間経過後であっても中途解約権を行使して、会員をやめることができる
不実告知や故意の事実不告知などが原因で連鎖販売契約に加入した場合には取消権を行使できる
民法の詐欺や消費者契約法の消費者取消権の行使が認められるケースもある

23 特定継続的役務提供

エステや美容医療など7業種が該当する

特定継続的役務とは

特定継続的役務とは、役務（サービス）の提供を受ける者の身体の美化や、知識・技能の向上などの目的を実現させることをもって誘引されるが、その目的の実現が確実でないという特徴を持つ有償の役務のことです。特定商取引法の規制対象となるのは、以下の①～⑦の役務の提供に限られています。

なお、①～⑦の役務を直接提供すること以外にも、その提供を受ける権利を販売する場合も、同様に特定商取引法の適用を受けます。

① エステティックサロン

美顔・脱毛・痩身などを目的とした施術を行う役務です。

② 美容医療

美顔・脱毛・痩身などを目的とした治療（医学的処置、手術など）行う役務です。

③ 語学教室

英語・フランス語・中国語などさまざまな語学の指導をする役務です。生徒を教室に集めて行う指導だけでなく、インターネットや電話を通じた指導も規制対象です。外国語（日本語以外）だけでなく、日本語の指導も語学指導に含まれ、規制対象になります。

なお、入学試験対策のための語学指導は、下記の学習塾や家庭教師に該当するものとして、特定商取引法の適用を受けます。

④ 学習塾など

教室など事業者が用意した場所で、入学試験対策（幼稚園・小学校の入試対策を除く）や補習を目的として、学校（幼稚園・大学を除く）の児童生徒や学生を対象に勉強を教える役務です。資格取得を目的とする場合や就職セミナーは含まれません。

⑤ 家庭教師など

入学試験対策（幼稚園・小学校の入試対策を除く）や学校教育（大学・幼稚園を除く）の補習のために勉強を教える役務で、「学習塾など」とは違い、事業者が用意した場所以外で行われるものです。インターネットや電話での指導も含まれます。

⑥　パソコン教室

パソコンの操作に関する知識や技術を指導する役務です。パソコンの操作が求められる業務が増えており、それに伴いパソコン教室も増えているので、規制対象になっています。

⑦　結婚相手紹介サービス

結婚を希望する人に異性を紹介する役務です。

指定期間・指定金額を超える取引に適用される

特定商取引法が適用される特定継続的役務提供については、一定の提供期間（指定期間）を超え、かつ、一定の金額（指定金額）を超えるものに限定されています。

①　指定期間

指定期間は、エステティックサロンと美容医療は1か月を超える提供期間、それ以外は2か月を超える提供期間です。通常は役務開始日から提供期間を計算します。開始日が定められていない場合は契約締結日から計算します。提供期間の算出について、チケット制の場合はチケットの有効期限までが提供期間となります。提供期間を更新した場合や、前契約と更新後の契約が一体であるとみなされる場合は、前後の期間を合算して提供時間を算出します。

②　指定金額

指定金額は、すべての役務で5万円を超えるものです。この金額は総額であるため、施設費や入会金も含めて考えます。

関連商品とは

特定継続的役務提供の関連商品とは、役務を受ける消費者が購入する必要がある商品として政令で定めるものをいいます。たとえば、エステ

特定継続的役務提供の指定期間・指定金額

種　類	役務が提供される期間（指定期間）	支払った金額（指定金額）
エステティックサロン	1か月を超える期間	総額5万円を超えるもの
美容医療		
語学教室	2か月を超える期間	
家庭教師		
学習塾		
パソコン教室		
結婚相手紹介サービス		

ティックサロンであれば、石けんや化粧品、下着、健康食品、美顔器などが関連商品に含まれます。

関連商品は、消費者が望んでいないのに強引に買わされたり、解約の際に返品をめぐってトラブルになったりすることが多いため、関連商品の売買契約として規制が設けられています。具体的には、概要書面や契約書面に関連商品を記載しなければならず、関連商品のクーリング・オフや中途解約も認められます。

特定商取引法が適用されない特定継続的役務提供

特定商取引法の規制対象である特定継続的役務提供について、適用が除外されるケースがあります。具体的には、特定継続的役務に該当する役務を提供する契約であっても、以下のいずれかに該当する場合には、特定商取引法の規制が及びません。事業者として規制する必要性がない取引や、他の法律で保護されているものが、規制の対象から外れるということになります。

・購入者が営業として行う取引（事業者間取引）
・海外在住者との取引
・国や地方公共団体が特定継続的役務の提供を行う場合
・労働組合などが組合員に対して特定継続的役務の提供を行う場合
・事業者が従業員に対して特定継続的役務の提供を行う場合

特定継続的役務の関連商品

特定継続的役務	関連商品
エステティックサロン	●健康食品、栄養補助剤など　●化粧品、石けん、浴用剤 ●下着　●美顔器、脱毛器など
美容医療	●健康食品、栄養補助剤など　●化粧品 ●マウスピース、歯牙の漂白剤　●美容目的の医薬品や医薬部外品
語学教室 家庭教師 学習塾	●書籍　●カセット・テープ、CD-ROM、DVD　など ●ファクシミリ装置、テレビ電話装置
パソコン教室	●電子計算機、ワードプロセッサー（これらの部品及び附属品） ●書籍　●カセット・テープ、CD-ROM、DVD　など
結婚相手紹介サービス	●真珠、貴石、半貴石　●指輪その他の装身具

24 特定継続的役務提供の規制

広告や勧誘には特定商取引法の適用がある

たとえばどんなケースなのか

広告に「半年通えばあなたも必ずやせて美しくなる」という宣伝文句があって、説明を聞いてみると「絶対成果がでますよ」「今すぐ始めなければ手遅れですよ」などと誘引されて契約し、エステティックサロンに通い始めたとします。

しかし、当然効果には個人差があるため、思うような効果が得られないこともあるでしょう。そこで、途中でやめたいと思った場合に解約ができるのかが問題になります。

また、そもそも広告内容が誇大表示であって、「必ずやせる」と思い込んだことや、強引な勧誘が契約をした原因だったとすると、事業者の責任も問題になります。

広告規制とは

特定継続的役務提供は、その特性から広告でいかに魅力的に宣伝するかが売上げに大きく関わるため、事業者はテレビCMやインターネット広告など多数の広告を展開し、消費者の関心を集めようとします。

広告で問題となるのは、役務の内容や金額、事業者の氏名などについてウソを含む広告です。これは「著しく事実に相違する表示」として禁止されます。この他にも、「実際のものよりも著しく優良であり、若しくは有利であると人を誤認させるような表示」も禁止されます。これらを**誇大広告等の禁止**といます。

たとえば、著名な人物（有名人）を広告塔として使用する場合、その有名人が実際には役務の提供を受けていないのに「俳優の○○さんが愛用」「歌手の○○さんが絶賛」などとする表示は禁止されます。また、信用を高めるために、勝手に「○○省の推薦を受けている」「○○省も効果を認めている」などと公的機関の名称を用いることも禁止されます。

もしこれらの広告内容について疑念を持たれた場合には、主務大臣が事業者に対して、その広告内容に対する合理的な証拠資料を提出するよう求めることができます。

証拠が提出できないときは、誇大広告等にあたるとみなして、その広告を規制することができます。具体的には、主務大臣による指示、業務停止、業務禁止の対象となる他、罰則が科されることもあります。

書面交付義務とは

特定継続的役務提供の場合、書面を交わして事業者と消費者が情報や意思を正しく伝え合うことは非常に重要です。このため、書面の交付については、概要書面と契約書面という形で２段階に分けて交付することが義務付けられています。

概要書面と契約書面の記載内容は後述しますが、書面の記載内容は契約の重要事項ですから、確実に消費者が読んでくれるよう工夫することが求められます。たとえば、文字の大きさは８ポイント以上でなければならず、書面の内容を十分に読むべきであることを赤枠の中に赤字で記載しなければなりません。契約書面においては、特にクーリング・オフに関する事項を赤枠の中に赤字で記載することが必要です。

なお、令和３年成立の特定商取引法改正で、交付の相手方の同意を条件に、書面ではなく電磁的方法（電子メールの送信など）で行うことが可能となります。

概要書面の交付

消費者が契約をするかしないかを決定する前に、書面によって十分な情報を示さなければなりません。広告やチラシを渡すだけでは足りず、具体的な契約内容を示したものでなければなりません。ここで交付される書面を**概要書面**といいます。

概要書面には、事業者の氏名（名

特定継続的役務提供についての誇大広告等の禁止

役務の内容・目的、著名な人物の関与、販売価格、支払の時期や方法、役務の提供期間、事業者名やその連絡先、負担金

↓ 誇大広告等の禁止

著しく事実に相違する表示（偽りの広告）をしてはならない
実際のものよりも著しく優良であり、または有利であると、消費者を誤認させるような表示（優良誤認・有利誤認の広告）をしてはならない

称)、役務の内容・提供期間、クーリング・オフに関する事項、中途解約に関する事項、前受金の保全などについて記載します（下図)。

契約書面の交付

契約を締結した場合には、遅滞なく契約書面を交付しなければなりません。ここで交付される書面を**契約書面**といいます。

契約書面の記載事項は、概要書面の記載事項と共通する部分が多いものの、提供する役務（サービス）の内容をより具体的に詳しく記載して、さらに契約締結年月日、契約締結担当者の氏名なども記載します。契約書面の記載事項は以下の通りです。

① 役務の内容、関連商品（購入する必要のある商品）がある場合にはその商品名
② 役務の対価など、役務を受ける者が支払う金銭の額
③ 金銭の支払時期と支払方法
④ 役務の提供期間
⑤ クーリング・オフに関する事項
⑥ 中途解約に関する事項
⑦ 事業者の氏名（名称)、住所、電話番号、法人の場合は代表者の氏名
⑧ 契約締結担当者の氏名

概要書面の記載事項

① 事業者の氏名（名称)、住所、電話番号、法人であれば代表者の氏名
② 役務の内容
③ 購入が必要な商品（関連商品）がある場合にはその商品名、種類、数量
④ 役務の対価（権利の販売価格)、その他支払うべき金銭（概算金額）
⑤ ④の金銭の支払時期、方法
⑥ 役務の提供期間
⑦ クーリング・オフに関する事項
⑧ 中途解約に関する事項
⑨ 割賦販売法に基づく抗弁権の接続に関する事項
⑩ 前受金の保全措置の有無、措置を講じている場合にはその内容
⑪ 特約がある場合にはその内容

⑨　契約締結年月日

⑩　関連商品（購入する必要のある商品）がある場合には、その種類や数量

⑪　割賦販売法の抗弁権の接続に関する事項

⑫　前受金保全措置の有無、措置を講じている場合にはその内容

⑬　関連商品（購入する必要のある商品）がある場合にはその商品を販売する者の連絡先

⑭　特約がある場合にはその内容

なお、概要書面や契約書面を交付しなかった、虚偽記載をした、記載に不備があったなどの違反行為に対しては、主務大臣による指示、業務停止、業務禁止の対象となる他、罰則が科されることもあります。

勧誘などの規制とは

広告だけでなく勧誘などにも特定商取引法の規制があります。

具体的には、契約締結について勧誘を行う際、一定の事項につき故意に事実を告げないこと（故意の事実不告知）が禁止されます。また、契約締結について勧誘を行う際、または契約締結後に消費者が契約解除をするのを妨げるために、一定の事項につき事実と異なる内容を告げること（不実告知）も禁止されます。

ここで「一定事項」とは、①役務の種類、内容、効果など、②関連商品の有無、③関連商品の種類など、④役務提供期間、⑤支払うべき費用や支払方法、⑥中途解約などの契約解除に関する事項などです。

関連商品のクーリング・オフ

契約書面を受け取った日から起算して８日以内なら
クーリング・オフできる

↓ また

消費者が購入した関連商品についても原則として
クーリング・オフできる

↓ ただし

①健康食品、②化粧品・石けん・浴用剤、③美容医療の関連商品を
使用した場合はクーリング・オフできない

※関連商品の種類については143ページ図参照

そして、不実告知や故意の事実不告知については、主務大臣は事業者に合理的な根拠を示す資料の提出を求めることができ、提出がない場合には、不実告知や故意の事実不告知があったとみなされます。

その他、契約締結について勧誘を行う際、または契約締結後に消費者が契約解除をするのを妨げるために、消費者を威迫して困惑させる行為も禁止されます。

クーリング・オフの要件と効果

クーリング・オフの要件は、①特定継続的役務提供の契約であること、②契約書面の受領日を含めて８日以内であること、③書面によって契約解除の意思を表示することです。これらの要件を満たせば、消費者は無条件で契約解除ができます。

また、関連商品を購入した場合は、主契約だけのクーリング・オフでは消費者を救済できないことが多いため、主契約のクーリング・オフがなされた場合で、契約書面の受領日を含めて８日以内などの要件を満たせば、主契約と共に関連商品のクーリング・オフが認められます。主契約と同時に関連商品のクーリング・オフをすることも可能です。ただし、使用して返品不可能な場合など、クーリング・オフができない場合もあります。

クーリング・オフが成立すると、消費者は支払義務がなくなり、受領した商品の返還義務が生じますが、引取費用は事業者負担です。事業者は、損害賠償や違約金などの請求ができず、受領した金銭を速やかに消費者に返還する義務を負います。

なお、令和３年成立の特定商取引法改正で、クーリング・オフの通知について、書面ではなく電磁的方法（メール等）で行うことが可能となります。

不実告知や故意の事実の不告知による契約の取消し

事業者による不実告知や故意の事実不告知があり、その結果、消費者が誤認して契約をした場合、事実誤認に気づいた時から１年間または契約締結時から５年間、その契約の取消しができます。

ただし、取消しの事情につき善意無過失で取引関係に加わった第三者に対しては、契約の取消しの主張ができません。

25 特定継続的役務提供契約の中途解約権

クーリング・オフ期間が経過しても契約解除ができる

たとえばどんなケースなのか

たとえば、エステサロンで定期的に施術を受ける契約を結んだが、途中でエステサロンに通うのを止めるときは、契約を解除する（中途解約をする）ことになります。ただ、エステ業者側が「契約日から１か月経過しているため、クーリング・オフは適用されません。また、契約書に中途解約不可の記載があるため、中途解約に応じることもできません」と主張し、契約解除を拒否してくることがあります。確かに、クーリング・オフ期間（８日間）は過ぎているため、クーリング・オフによる契約解除はできません。

しかし、特定商取引法では、エステなどの特定継続的役務提供について中途解約権を認めています。この権利を行使すれば、特定継続的役務提供契約を将来に向かって解除することができます。ただし、中途解約に際して事業者から損害賠償請求を受けた場合は、後述のように一定額を上限とする支払いが必要です。

中途解約とは

特定商取引法では、**中途解約**のことを「クーリング・オフ期間の経過後、将来に向かって契約を解除できる制度」と位置づけています。中途解約の理由も不要なので、もっぱら消費者の自己都合であっても中途解約を行うことができます。

この中途解約に関して消費者に不利な変更は認められません。エステなどの契約書に「中途解約は認められない」「中途解約には○○の条件が必要である」といった記載があっても、その記載は無効です。また、中途解約における損害賠償の額を契約書に記載している場合がありますが、後述のように、その場合も特定商取引法の規定が優先します。

中途解約権を行使するには

消費者が中途解約権を行使するために求められる特別な条件はありません。消費者が事業者に対し中途解約の意思を示すだけで十分です。加えて、中途解約のための理由も必要ありません。ただ、消費者の一方的都合による中途解約もあるので、特定商取引法でも事業者が消費者に対し、一定額を上限とする損害賠償請求をすることを認めています。

事業者は消費者による中途解約権の行使を拒否できません。契約書に「中途解約不可」と記載していても無効なので、中途解約権の行使を拒否するのは特定商取引法違反です。

また、クーリング・オフの場合と異なり、中途解約権の行使は口頭で行うこともできます。もっとも、後から中途解約をめぐってトラブルになる可能性があるので、事業者としては、口頭での中途解約権の行使があったときは、その行使を受諾したことを書面にして、消費者にサインしてもらうとよいでしょう。

中途解約をするとどうなる

消費者が中途解約の意思表示を事業者に対して行うと、契約が将来に向かって効力を失います。消費者の支払義務はなくなり、事業者も役務を提供する義務がなくなります。

たとえば、半年間30万円のエステに関する契約について中途解約を行使した消費者は、まだ受けていないエステサービスに対する対価の返還は受けることができますが、すでに受けたエステサービスの対価は返還を受けることができません。

具体的には、解約時に１か月分のエステサービスを受けていたとすると、１か月あたりの支払額は５万円

特定継続的役務提供契約と消費者の中途解約権の行使

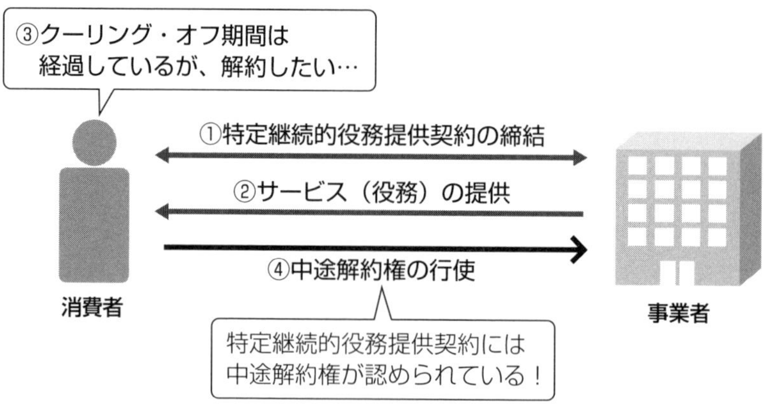
③クーリング・オフ期間は
経過しているが、解約したい…
①特定継続的役務提供契約の締結
②サービス（役務）の提供
④中途解約権の行使
消費者
事業者
特定継続的役務提供契約には
中途解約権が認められている！

（30万円÷６）なので、最初の１か月分に相当する５万円は返還されません。しかし、残りの25万円は全額返還の対象となります。

そして、特定継続的役務提供契約を中途解約する場合には、役務の提供を受ける際に消費者が購入した関連商品の売買契約も、あわせて中途解約することができます。

中途解約をした消費者が事業者に支払う損害賠償額の上限

事業者は、中途解約権の行使を受けた場合、消費者に対して損害賠償請求ができます。その際、損害賠償として役務の対価すべての請求はできません。特定商取引法では、役務ごとに請求できる損害賠償の額の上限が設けられています（下図参照）。

たとえば、半年間30万円のエステに関する契約を中途解約した場合、解約時に１か月分のエステサービスを受けていたとすると、契約残額の１割は２万5000円（25万円×0.1）なので、これより低い額である２万円が損害賠償額の上限となります。

中途解約した場合に支払う損害賠償金の限度額

特定継続的役務	サービス提供前の解約	サービス提供後の解約
エステティックサロン	２万円	２万円と契約残額の１割を比較して低い方の金額
美容医療	２万円	５万円と契約残額の２割を比較して低い方の金額
語学教室	１万5000円	５万円と契約残額の２割を比較して低い方の金額
家庭教師	２万円	５万円と１か月分の月謝相当額を比較して低い方の金額
学習塾	１万1000円	２万円と１か月分の月謝相当額を比較して低い方の金額
パソコン教室	１万5000円	５万円と契約残額の２割を比較して低い方の金額
結婚相手紹介サービス	３万円	２万円と契約残額の２割を比較して低い方の金額

26 業務提供誘引販売取引

内職商法が業務提供誘引販売取引の代表例

業務提供誘引販売取引とは

業務提供誘引販売取引とは、商品や役務（サービス）を利用することによって利益を受けられることを誘い文句として、一定の金額を消費者に負担させ、その商品の販売、役務の提供やこれらのあっせんを行う取引のことです。具体的には、以下の３つの要件をすべて満たす取引のことを指します。

① 商品の販売または有償で行う役務の提供（それらのあっせんを含む）の事業であって

② 業務提供利益が得られると消費者を誘引し

③ その消費者と特定負担を伴う取引をするもの

業務提供誘引販売取引の代表例といわれるのが「内職商法」「モニター商法」です。**内職商法**とは、内職の仕事で収入を得られることを誘い文句とし、内職に必要な道具を購入させるものです。**モニター商法**とは、商品のモニターとしてその商品を使用した感想を提供すると収入を得られることを誘い文句とし、使用する商品を購入させるものです。

業務提供誘引販売取引でトラブルの要因となるのが、「内職によって利益が得られると信じたから道具を購入したのに、実際はたいして儲からない」「約束した商品のモニター料の支払いがない」というものです。

特定負担とは

特定負担とは、業務提供誘引販売取引をするために消費者が抱える金銭的負担のことです。具体的には、①商品の購入の対価の支払い、②役務の対価の支払い、③取引料の提供のことを意味します。

たとえば、内職をすることで利益を上げられることを誘い文句にし、消費者にパソコンやパソコンソフトを購入させた場合には、そのパソコンやパソコンソフトの代金が①の特定負担となります。また、③の特定負担は、加盟料や保証金の支払いなどのように、①②に該当しない消費者の金銭的負担が該当します。

以上から、業務提供誘引販売取引は、単なる商品の販売契約や役務の提供契約ではなく、購入者が利益を得られることを誘い文句にするものでなければなりません。たとえば、内職の仕事やモニターなどが最初からなく、パソコンの売買契約のみが行われているという場合、それは単なる商品の販売契約であって、業務提供誘引販売取引ではありません。

しかし、業務提供誘引販売取引においては、その多くの契約で、消費者に利益を得させることではなく、消費者から商品や役務提供の対価を得ることが、事業者のおもな目的となっているため、消費者と多くのトラブルが発生するのです。

クーリング・オフが利用できる

業務提供誘引販売取引で商品を購入して業務に従事してみたが、当初思っていたようには在宅ワークがはかどらなかった場合、解約したいと考える人は多いでしょう。

この場合、クーリング・オフ制度の利用ができます。業務提供誘引販売取引のクーリング・オフの行使期間は、連鎖販売取引と同じく契約書面を受領した日から起算して20日間と長めに設定されています。

広告表示規制・誇大広告等の禁止

特定商取引法では、業務提供誘引販売取引に関して事業者が広告を行う場合、一定の事項を表示する必要があると定めています。おもな表示事項は、商品や役務の種類、特定負担に関する事項、業務の提供条件、業務提供誘引販売取引を行う者の氏名（名称）、住所、電話番号です。

業務提供誘引販売取引でも誇大広告等が禁止されています。具体的に

業務提供誘引販売取引のしくみ

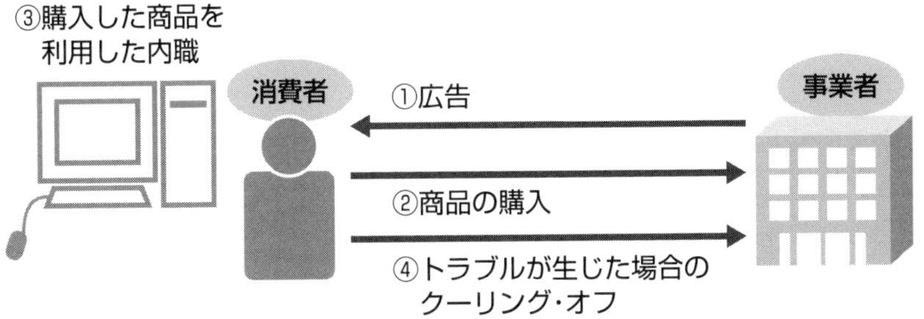

は、著しく事実に相違する表示や、実際のものより著しく優良であり、もしくは有利であると人を誤認させるような表示が禁止されています。

勧誘などに関する規制

事業者が勧誘の際に、もしくは契約解除を妨げるために、①②の行為をすることの他、勧誘の際に③の行為をすることが禁止されています。

① **故意の事実不告知・不実告知**

商品の品質・性能、特定負担、その他の契約に関する重要事項を故意に告げないことや、事実と違うことを告げることが禁止されています。

② **威迫行為**

消費者を威迫して困惑させる行為が禁止されています。

③ **勧誘の目的を告げない誘引**

キャッチセールスなどと同様に、勧誘目的であることを知らせずに、店舗などに消費者を誘い込み、業務提供誘引販売取引の勧誘を行う行為が禁止されています。

書面交付義務とは

書面交付義務とは、契約締結前や契約締結後に契約内容が記された書面を消費者（無店舗の個人に限ります）に交付する義務です。契約締結前（勧誘時など）に交付する書面を概要書面といい、契約締結後に交付する書面を契約書面といいます。

令和３年成立の特定商取引法改正で、交付の相手方の同意を条件に、書面ではなく電磁的方法（電子メールの送信など）で行うことが可能となります。

業務提供誘引販売取引では、次の条件に該当する場合、事業者が概要書面を交付することを義務付けています。書面交付の際、次ページ図の事項を明記しなければなりません。

① 店舗や事務所によらないで行う個人と契約を締結する場合

② 特定負担のある契約を締結する場合

契約書面の注意点

契約書面も消費者（無店舗の個人に限ります）との間で業務提供誘引販売取引の契約を締結後、事業者が遅滞なく交付する必要があります。契約書面には次の事項を記載します。

・商品の種類・性能・品質、役務の提供を受ける権利や役務の種類、これらの内容に関する事項

・商品や提供される役務を利用する業務の提供・あっせんについての条件に関する事項

・特定負担に関する事項
・業務提供誘引販売契約の解除に関する事項（クーリング・オフに関する事項を含む）
・事業者の氏名（名称）、住所、電話番号、法人の場合は代表者の氏名
・契約締結担当者の氏名
・契約年月日
・商品名、商品の商標・製造者名
・特定負担以外の義務の内容
・割賦販売法に基づく抗弁権の接続に関する事項

取消権・損害賠償額の制限

事業者が契約に関する重要事項について故意の事実不告知・不実告知を行い、これにより消費者が誤認して契約を締結した場合、消費者は、事実誤認に気づいた時から1年間または契約締結時から5年間、その契約の取消しができます。

ただし、事業者の不正行為について善意無過失の第三者がいる場合には、その人に対して取消しを主張することはできません。

また、消費者の債務不履行（特定負担の支払いがないなど）を理由に事業者が契約を解除した場合、事業者が消費者に対して請求できる損害賠償額についての上限額が定められています。

業務提供誘引販売取引における概要書面の記載事項

① 業務提供誘引販売業（業務提供誘引販売取引に関する事業）を行う者の氏名（名称）や住所、電話番号、法人である場合は代表者の氏名

② 商品の種類・性能・品質に関する重要な事項や、権利・役務の種類などに関する重要な事項

③ 商品名

④ 商品や提供される役務を利用する業務の提供・斡旋についての条件に関する重要な事項

⑤ 特定負担の内容

⑥ 業務提供誘引販売契約の解除や取消しに関する事項

⑦ 割賦販売法に基づく方法で商品の販売や役務の提供を行う際の抗弁権の接続に関する事項

27 訪問購入

近年の特定商取引法改正で規制対象となった取引類型

訪問購入も特定商取引法の規制対象に含まれている

近年急増している悪質商法のひとつとして**押し買い**があります。押し売り（訪問販売）とは対照的に、押し買いとは、自宅を訪れた購入業者に貴金属やアクセサリーなどを強引に買い取られてしまう悪質商法のことです。言葉巧みに勧誘されることもあれば、詐欺・脅迫まがいの勧誘が行われることもあります。

以前から押し買いを効果的に規制できないことが問題視されていたことから、押し買いを規制する内容を盛り込んだ特定商取引法の改正が平成24年８月に公布され、平成25年２月に施行されています。特定商取引法では、押し買いのことを**訪問購入**と名づけています。

この特定商取引法の改正により、以前は規制対象外だった訪問購入について、おもに次のような規制が設けられています。

・事業者名や勧誘目的等の明示義務
・不招請勧誘の禁止
・クーリング・オフ制度の導入
・契約書面の交付義務

これらの規制に違反した事業者は、業務改善指示、業務停止命令、業務禁止命令の対象となったり、罰則が科されたりする場合があります。

訪問購入とその対象物品

特定商取引法で規制される訪問購入とは、物品の購入業者が営業所等以外の場所において行う物品の購入のことをいいます。たとえば、貴金属の購入業者が消費者の自宅に訪問し、消費者が所有する貴金属を買い取る行為が訪問購入に該当します。

原則として、訪問購入で取引されるすべての物品が規制対象となります。例外として、自動車（２輪のものを除く）、家具、家電（携行の容易なものを除く）、書籍、DVD、ゲームソフト、有価証券などが訪問購入の規制対象外とされています。

訪問購入の適用除外

訪問購入に該当する取引のすべて

が特定商取引法の規制対象になるわけではありません。たとえば、消費者が営業のために売買する契約を締結する場合は「事業者間の取引」となるため、訪問購入に関するすべての規制が適用されません。

また、次の取引の場合は、訪問時の事業者名の明示義務など、一部の規制を除いた訪問購入に関する規制が適用されません。

・売主（消費者）が自宅での契約締結等を請求した取引
・御用聞き取引（購入業者が定期的に住居を巡回して売買する取引）
・常連取引（訪問日の前１年間に、店舗のある購入業者であれば１回以上、店舗のない購入業者であれば２回以上取引実績がある消費者と売買する取引）

禁止される不招請勧誘とは

特定商取引法では、訪問購入において営業所等以外の場所で不招請勧誘を行うことを禁止しています。

消費者から購入業者に対し、「自宅にある着物の買い取りをお願いしたい」など、訪問購入に関する売買契約を締結するよう消費者から要請されて勧誘するのが**招請勧誘**、消費者から要請がないのに勧誘するのが**不招請勧誘**です。つまり、アポイントなしで自宅を訪問し、「貴金属を売りませんか」などと迫る飛込み勧誘は、特定商取引法に違反する行為になるということです。

では、アポイントさえとれば「不招請勧誘」にあたらないのでしょうか。たとえば、事業者が電話やメールなどで「不要な家電を売りませんか」と消費者を勧誘し、これに応じ

訪問購入と特定商取引法の規制

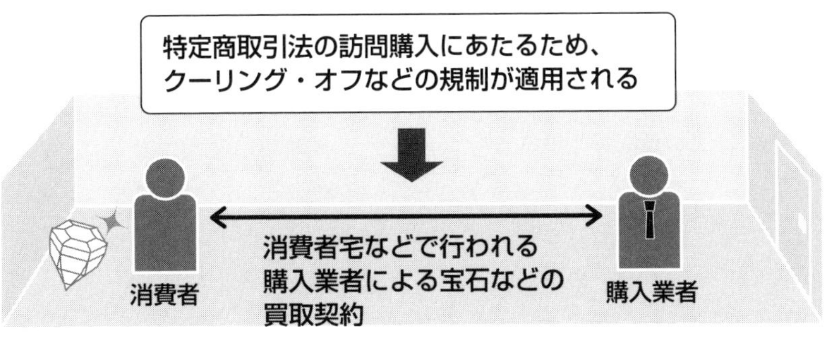
特定商取引法の訪問購入にあたるため、
クーリング・オフなどの規制が適用される
消費者
消費者宅などで行われる
購入業者による宝石などの
買取契約
購入業者

た消費者から依頼を受けて訪問した場合は、不招請勧誘にあたりません。しかし、家電の買い取り依頼を受けて訪問した業者が貴金属の買い取りを勧誘した場合、訪問自体は消費者が依頼していますが、貴金属の買い取りは消費者から依頼を受けていないため、不招請勧誘にあたります。

なお、消費者が不招請勧誘を受けて売買契約を締結した場合も、クーリング・オフ制度を利用することが可能です。

商品の査定を依頼すると不招請勧誘ではなくなるのか

悪質な訪問購入の手口とされているのが、「無料査定」を悪用した勧誘です。購入業者が「査定を無料でした以上、買い取りを求めてきたのと同じだ」などと迫るわけです。

しかし、査定の勧誘と買い取りの勧誘は別物です。消費者が「査定だけしてほしい」と要請したのであれば、それに乗じて業者が買い取りの勧誘をすれば「不招請勧誘」として特定商取引法の規制を受けることになります。ただし、消費者が「査定の金額次第では買い取りを依頼したい」などと言って購入業者を招いた場合は、不招請勧誘にあたらないと判断される可能性があります。

訪問時には氏名や目的を明示する

特定商取引法では、購入業者に対して、さまざまな規制を設けています。まず、購入業者は消費者宅を訪問し、勧誘を始める前に、次の項目を消費者に明示することが義務付けられています。

① 購入業者の氏名（名称）
② 売買契約の締結について勧誘をするために訪問したこと
③ 購入しようとする物品の種類

この義務は、消費者が自宅にある物品の買い取りを求めて購入業者を招請した場合（招請勧誘）も適用されます。さらに、勧誘を始める前には、消費者に対し「勧誘を受ける意思があることを確認すること」が義務付けられています。

訪問購入に関する禁止行為

この他、訪問購入においては、消費者保護のために、次のような禁止行為が定められています。

① 再勧誘の禁止

消費者が訪問購入に関する売買契約を締結しない意思を示した場合、再度当該売買契約の締結について勧誘を行うことが禁じられています。

② 不実告知・故意の事実不告知の禁止

訪問購入の勧誘を行う際、物品の種類・購入価格、クーリング・オフに関する事項、物品の引渡しの拒絶に関する事項などについて、不実のことを告げる行為（不実告知）や、故意に事実を告げない行為（故意の事実不告知）が禁じられています。

さらに、不実告知については、契約解除を妨げるために行うことも禁じられています。

③ 威迫行為の禁止

売買契約を締結させ、もしくは契約解除を妨げるために、消費者を威迫して困惑させる行為をすることが禁じられています。

書面に記載すべき事項

購入業者は、売買契約の申込みを受けた場合は直ちに、売買契約を締結した場合は遅滞なく、その内容を記載した書面を消費者に交付しなければなりません。消費者に交付する書面には、次ページ図に挙げた項目を記載します。なお、令和３年成立の特定商取引法改正で、交付の相手方の同意を条件に、書面ではなく電磁的方法（電子メールの送信など）で行うことが可能となります。

引渡拒絶権に関する通知が必要

訪問購入でもクーリング・オフ制度があります（161ページ）。ただ、消費者が購入業者に物品を引き渡してしまうと、第三者に売却されてし

購入業者が守らなければならないルール

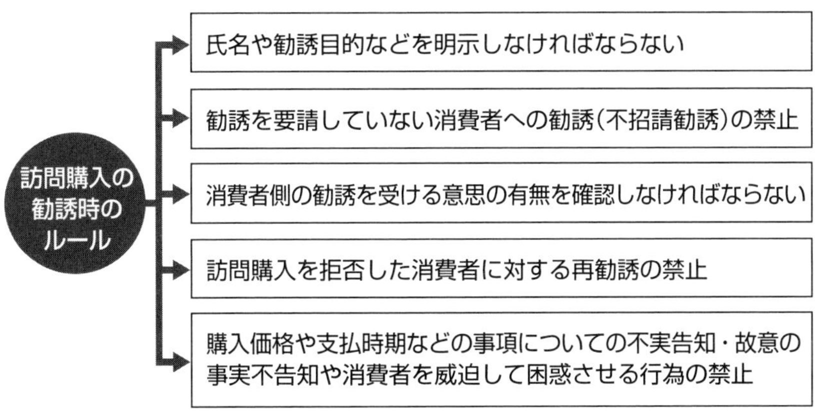

訪問購入の勧誘時のルール
氏名や勧誘目的などを明示しなければならない
勧誘を要請していない消費者への勧誘（不招請勧誘）の禁止
消費者側の勧誘を受ける意思の有無を確認しなければならない
訪問購入を拒否した消費者に対する再勧誘の禁止
購入価格や支払時期などの事項についての不実告知・故意の事実不告知や消費者を威迫して困惑させる行為の禁止

まい、クーリング・オフを行使しても物品を取り戻せない事態に陥る可能性が高くなります。

そこで、クーリング・オフ期間中は物品の引渡しの拒絶ができる（引渡拒絶権）という制度が設けられています。しかし、消費者が物品拒絶権を知らずに物品を引き渡すこともあるため、特定商取引法では、購入業者が消費者から直接物品の引渡しを受けるときに、引渡拒絶権について消費者に告知することを義務付けています。

契約締結時に代金の支払いと同時に物品の引渡しを受けた場合

営業所等以外の場所で訪問購入に関する売買契約を締結した場合、または営業所等以外の場所で訪問購入に関する売買契約の申込みを受け、営業所等で売買契約をした場合で、代金の支払いと物品の引渡しが行われた場合、購入業者は、次の項目を記載した書面を消費者に交付しなければなりません。

・物品の種類・購入価格
・クーリング・オフ制度に関する事項
・その他主務省令で定める事項

申込時または契約締結時に交付する書面の記載事項

・物品の種類、物品の購入価格
・物品の代金の支払時期および支払方法
・物品の引渡時期および引渡しの方法
・クーリング・オフに関する事項
・クーリング・オフ期間中の物品の引渡しの拒絶に関する事項
・購入業者の氏名（名称）、住所、電話番号、法人の場合には代表者の氏名
・売買契約の申込みまたは締結を担当した者の氏名
・売買契約の申込みまたは締結の年月日
・物品名、物品の特徴
・物品やその附属品に商標、製造者名、販売者名の記載または型式がある場合には、その商標、製造者名、販売者名、型式
・契約の解除に関する定めがあるときは、その内容
・特約があるときは、その内容

28 訪問購入とクーリング・オフ

クーリング・オフ期間は書面受領日から起算して8日間

訪問購入にもクーリング・オフ制度がある

訪問購入が特定商取引法の取引類型として追加された際、消費者が行使できるクーリング・オフ制度も盛り込まれました。訪問購入におけるクーリング・オフとは、訪問購入の売主が売買契約の申込みもしくは契約締結後でも、無条件に申込みの撤回もしくは契約の解除を行うことができるという制度です。

訪問購入におけるクーリング・オフの期間は、原則として消費者が法令に規定された内容を記載した契約書面（契約書を受け取る前に申込書を受領していれば申込書面）を受領した日から起算して8日以内です。

消費者は、購入業者に対し、売買契約の申込みの撤回または売買契約の解除を書面で通知することによって、クーリング・オフを行うことができます。クーリング・オフは書面を発送した時点で効力が生じる（発信主義）ことから、クーリング・オフ期間内に書面を発送すれば、購入業者に到着するのが期間経過後であってもクーリング・オフが認められます。なお、令和3年成立の特定商取引法改正で、クーリング・オフの通知について、書面ではなく電磁的方法（電子メールの送信など）で行うことも可能となります。

クーリング・オフが成立すると、売買契約（または契約の申込み）は最初からなかったものとみなされます。したがって、契約によって交わされた代金や物品は、それぞれの手元に速やかに戻されなければなりません。このとき、クーリング・オフをしたことによる損害賠償請求権などは発生しません。

クーリング・オフ妨害の禁止

クーリング・オフの行使は、特定商取引法によって守られた消費者の権利です。したがって、購入業者がクーリング・オフに関して消費者に不利な内容の特約を定めていたとしても、その特約は無効となります。

たとえば、申込書面や契約書面に

「売主（消費者）がクーリング・オフ期間中に申込みの撤回や解除を申し出た場合は、買取金額の10倍の違約金を申し受けます」といった特約があったとしても、その特約は無効です。したがって、消費者は、違約金を支払うことなくクーリング・オフをすることができます。

引渡拒絶権とは

クーリング・オフを行使すれば、売買契約はなかったことになり、購入業者への購入代金の返還と共に、消費者への物品の返還が行われることになります。しかし、すでに物品が第三者に引き渡されていると、消費者に対してスムーズに物品が返還されない可能性があります。

そこで、特定商取引法では、訪問購入におけるクーリング・オフ期間中は、消費者は、購入業者に対する物品の引渡しを拒絶できるとしています（引渡拒絶権）。

購入業者が第三者に商品を引き渡した場合の消費者への通知

訪問購入によって消費者から物品を受け取った購入業者が、クーリング・オフ期間中に第三者に対して物品を引き渡した場合、売主である消

引渡拒絶権と第三者への商品引渡し後の通知

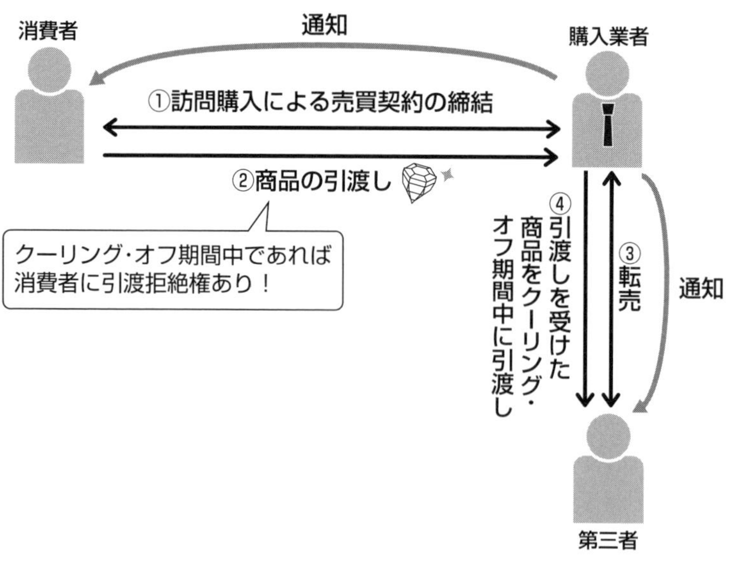

費者に対して、次のような事項を通知しなければなりません。この通知によって、消費者は転売先を知ることができます。なお、通知の方法は問いません。

・第三者の氏名（法人の場合は名称と代表者氏名）、住所、電話番号
・物品を第三者に引き渡した年月日
・物品の種類
・物品の名称、商標、製造者名、販売者名または型式など
・物品の特徴
・その他第三者への物品の引渡しの状況を知るために売主にとって参考となるべき事項

購入業者が第三者に商品を引き渡した場合の第三者への通知

訪問購入によって消費者から物品を受け取った購入業者が、クーリング・オフ期間中に第三者にその物品を引き渡した場合は、そのことを売主だけでなく、その第三者にも通知することが義務付けられています。

その際、下図で示した内容を記載した書面をもって通知しなければなりません（電磁的方法による通知を認める規定はありません）。

第三者への通知に記載する事項

① 引き渡した物品は訪問購入によって引渡しを受けた物品であること
② クーリング・オフ期間中は、売主（消費者）がクーリング・オフを行使する可能性があること
③ 違反行為（書面不交付やクーリング・オフ妨害など）があった場合には、期間経過後も売主がクーリング・オフを行使できること
④ 売主に対して申込書面・契約書面を交付した年月日
⑤ 購入業者の氏名（法人の場合は名称、代表者の氏名）、住所、電話番号
⑥ 物品を第三者に引き渡す年月日
⑦ 物品の種類
⑧ 物品の名称
⑨ 物品の特徴
⑩ 物品やその附属品に商標、製造者名、販売者名の記載または型式がある場合には、その商標、製造者名、販売者名、型式

この通知は、消費者がクーリング・オフを行使した際に、第三者が民法上の即時取得を主張して、消費者への物品の返還を拒むというリスクを防止することを目的としています。

即時取得とは、権利のない売主から動産を購入した場合、売主に権利がないことについて買主が善意無過失であれば、買主は直ちにその動産を取得できる制度です。上記の通知をしておけば、買主である第三者はクーリング・オフの可能性を知ることになるので、善意無過失ではなくなり、即時取得を主張できなくなるというわけです。

不当な違約金などの規制

訪問購入においては、申込書面や契約書面に法外な違約金の規定を設けて消費者が解約できないようにする行為が問題視されていました。

特定商取引法では、クーリング・オフ期間の経過後、消費者（売主）による債務不履行（物品の引渡しの遅延など）を理由に、購入業者（買主）が売買契約を解除した場合における損害賠償の額（違約金）について上限を設けています。

たとえば、購入業者の代金支払いの後に売買契約が解除された場合、消費者が購入業者に対して支払う損害賠償額の上限は、「代金に相当する額に法定利率による遅延損害金の額を加算した金額」となり、購入業者はこれを超える金額の請求はできません。反対に、購入業者から代金が支払われていない場合は、「契約の締結や履行に通常要する費用の額」が損害賠償額の上限となります。

行政処分・罰則・訴訟

主務大臣は、特定商取引法に違反した事業者に対して、業務改善指示、業務停止命令、業務禁止命令という行政処分ができます。また、特定商取引法に違反する行為が罰則の対象となる場合もあります。

さらに、不特定多数の消費者に対して、不実の告知をする、故意に事実を告知しない、威迫して困惑させるなどの行為をした（もしくはこれらの行為をするおそれのある）悪質な事業者に対して、適格消費者団体が当該行為の差止めなどを求める訴訟を提起することがあります。

以上は、訪問購入に限らず、すべての特定商取引法が規制する取引類型にあてはまります。

29 ネガティブオプション

法改正で送り付けられた商品の保管義務がなくなった

ネガティブオプションとは

ネガティブオプションは「送り付け商法」「押し付け販売」とも呼ばれる商法のことです。

たとえば、ある日突然、家に注文した覚えのない商品が請求書と一緒に送られてきて、同封の書面に「何日以内に返品が行われなければ、商品を購入したものとみなします」と記載されているような場合です。

このように、いかにも契約が締結されたかのように装い、消費者に対して「商品を受け取った以上、お金を支払わなければならない」と勘違いさせるという点が、ネガティブオプションの大きな特徴です。

売買契約に限らず、契約はお互いの合意がなければ成立しません。買う気のない人に一方的に商品を送り付けただけでは、売買契約が成立したとは認められません。

そのため、一方的に商品を送り付けられたとしても、その商品の代金を支払う必要はありませんし、クーリング・オフを行う必要もありません。しかし、たとえ買う気がないとしても、たとえば、代金引換で送り付けられて、誤ってお金を支払ってしまうと、そのお金を取り戻すことが困難になる可能性があります。

特にネガティブオプションでは、代金引換で送り付け、受け取った方は「家族の誰かが商品を購入したのだろう」と勘違いして支払ってしまうケースも目立っています。

ネガティブオプションと規制

特定商取引法では、以下の２つの条件のすべてにあてはまる行為を、ネガティブオプションとして規制しています。そして、送り付けられた商品の種類を問わず、ネガティブオプションの規制対象となります。

① 販売業者が、売買契約の申込みも売買契約の締結もしていない消費者（相手方）に対して、商品の売買契約の申込みを行うこと

② 実際に商品を送付すること

送り付けられた商品の保管義務が廃止された

一方的に商品が送り付けられてきた場合、「こんな商品を買った覚えはない」と考えて、送り付けてきた販売業者に連絡することなく、商品の受取人が勝手に商品を処分してしまうケースもあるでしょう。しかし、たとえ一方的に送り付けられてきたものだといっても、商品が他人（販売業者）の所有物であることに変わりはありません。

この点から、かつては消費者に対して、一方的に送り付けられてきた商品の保管義務が課せられていました。具体的には、送り付けられた日から起算して14日間（消費者が商品の引き取りを請求した場合は、その請求日から起算して７日間）を保管期間として設定し、未使用のまま保管する義務を課していました。そのため、保管期間内に商品を勝手に処分すると、購入の意思があったとみなされたり、損害賠償を請求されたりする可能性がありました。

しかし、特定商取引法の改正で、令和３年（2021年）７月６日以降に商品が一方的に送り付けられた場合については、消費者は、直ちにその送り付けられた商品を処分することが可能になり、消費者の保管義務が廃止されました。

そして、「販売業者は、売買契約の成立を偽つてその売買契約に係る商品を送付した場合には、その送付した商品の返還を請求することができない。」（特定商取引法59条の２）との規定から、販売業者から商品の返還を請求されても、消費者は、それに応じる義務はありません。この

送り付け商法と商品の処分

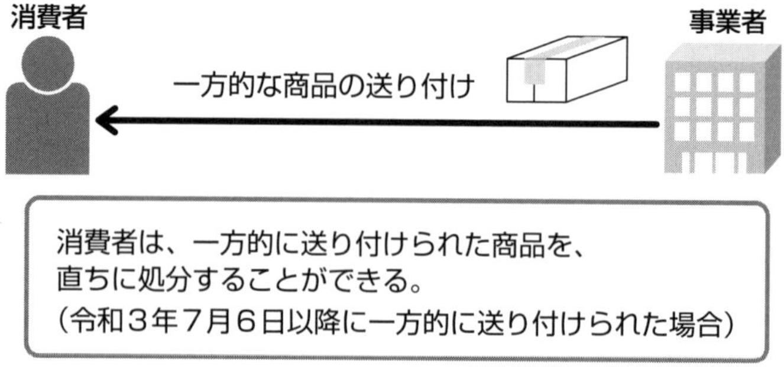

消費者
事業者
一方的な商品の送り付け
消費者は、一方的に送り付けられた商品を、
直ちに処分することができる。
（令和３年７月６日以降に一方的に送り付けられた場合）

点から、実質的には、一方的に送り付けられた商品は、直ちに消費者の所有物になるに等しいということができます。

また、一方的に送り付けられた商品の代金を請求され、支払義務があると誤解して、お金を支払ったとしても、消費者は、そのお金の返還を請求できます。これは民法が規定する不当利得（法律上の原因なく利益を受け、そのために他人に損失を及ぼすこと）を根拠とするものです。

特定商取引法の規制が適用されない場合

消費者は、一方的に送り付けられた商品を自由に処分できることになります。ただし、以下のいずれかに該当する場合は、商品の一方的な送り付けがあったとしても、特定商取引法の規制は適用されないことになります。

① 商品の送付を受けた者が購入意思を示した場合

消費者がだまされたり、勘違いをしたりしたわけではなく、真意で購入を望むのであれば、一方的に送り付けられた商品であっても売買契約が成立します。この場合、消費者は商品の代金支払義務を負います。

② 送付を受けた側が消費者ではなく事業者である場合

特定商取引法は、事業者を規制して消費者を保護することが目的であるため、「商品の送付を受けた者が営業のために又は営業として締結す

ネガティブオプションの規制が適用されない場合

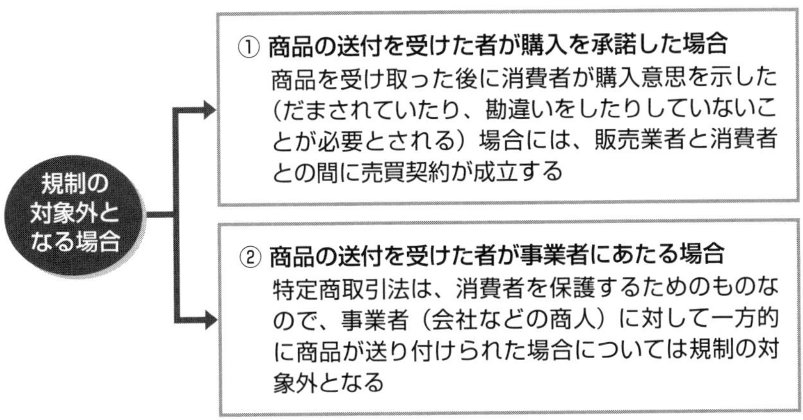

規制の対象外となる場合
① 商品の送付を受けた者が購入を承諾した場合
商品を受け取った後に消費者が購入意思を示した（だまされていたり、勘違いをしたりしていないことが必要とされる）場合には、販売業者と消費者との間に売買契約が成立する
② 商品の送付を受けた者が事業者にあたる場合
特定商取引法は、消費者を保護するためのものなので、事業者（会社などの商人）に対して一方的に商品が送り付けられた場合については規制の対象外となる

ることとなる売買契約の申込み」については、ネガティブオプションに関する特定商取引法の規定が適用されません（特定商取引法59条２項）。

これは、一方的に商品を送り付けられた側が事業者（会社などの商人）である場合に、ネガティブオプションに関する特定商取引法の規定が適用されないことを意味すると考えてよいでしょう。

事業者が一方的に商品を送り付けられた場合

前述したように、事業者への一方的な商品の送付については、ネガティブオプションに関する特定商取引法の規制が適用されないことになります。

ただし、これは送り付けられた商品を自由に処分できることにならないというだけで、当然に商品の売買契約が成立したものとして扱われるわけではありません。もっとも、送り付けてきた事業者に無断で処分すると、購入の意思があったとみなされたり、損害賠償を請求されたりする可能性があります。

そこで、受け取った側の事業者としては、トラブルを回避するための手段として、「契約は存在していない」ことを記載した内容証明郵便を送付して、明確な意思を示すことが考えられます。

消費者からネガティブオプションを主張されないための手段

前述したように、消費者は、一方的に送り付けられた商品を、直ちに処分できるようになりました。

そのため、この制度を消費者が悪用して、事業者が消費者との間で売買契約を締結して、その商品を送付したにもかかわらず、消費者から「一方的に送り付けられた商品なので、代金は支払わない」と主張される危険性があります。

そこで、商品を販売をする事業者（特に通信販売をする事業者）としては、支払い方法を先払い（クレジットカード払いなど）に限定したり、売買契約が成立した事実を証明する書面やメールなどを確実に保管するしくみを構築することが求められます。

第4章

割賦販売法のしくみ

1 割賦販売法が規制する販売形態

おもに割賦払いをする取引について規制する法律

割賦販売法の規制する取引

商品やサービスを購入する場合、支払方法についてクレジットカードを利用した決済が広く普及しています。特にインターネットを利用した通信販売では、クレジットカード決済が通常かもしれません。クレジットカード決済を利用する際は、商品の代金を１回払いだけでなく、複数回に分割して支払うこともできます。

このような、おもに商品やサービスの代金を何回かに分割して支払う方式（割賦払い）について規定しているのが割賦販売法です。割賦払いは支払方法や割賦金利などの点で複雑な契約であるため、特に消費者の側が不利益を受けないように、割賦販売法で詳細なルールが定められています。

割賦販売法の規制対象となる取引は、①割賦販売、②ローン提携販売、③包括信用購入あっせん、④個別信用購入あっせん、⑤前払式特定取引の５つです。割賦払いによる取引は、商品の引渡しやサービスの提供を先に受ける（後払い）場合が多いのですが、⑤は前払いです。また、①にも前払いを採用する前払式割賦販売という態様の取引があります。

割賦販売法の規制する販売形態

割賦販売法の規制対象となる取引の概要は以下の通りです。

①　割賦販売

割賦販売とは、商品やサービスなどの代金を分割で支払うことを約束して行う販売形態です。代金が後払いのものと前払いのものがあります。

割賦販売は購入者と販売業者（またはサービス提供業者）との間の二当事者間の取引です。売主と買主の間で直接割賦払いの契約を結ぶために「自社割賦」と呼ばれることもあります。

なお、割賦販売法の定める割賦販売というためには、一定の要件を満たす必要があります（175ページ）。

②　ローン提携販売

自動車や宝石などの高価な商品を取り扱う店舗に行くと、店員から

「当社が紹介する金融機関を利用すれば、有利な条件でローンを組んで購入できますよ」などと勧められることがあります。このような金融機関を介した販売形態をローン提携販売といいます。

売主は、買主が金融機関で借り受けた金銭から支払いを受けるので、「代金を受け取れないかもしれない」というリスクを回避できます。ただ、売主が買主の保証人になっていることから、買主のローン返済が滞った場合、売主は、金融機関に対して保証債務を履行しなければなりません。

③　包括信用購入あっせん

買主が商品やサービスなどの代金を支払う際に、売主と買主との間に介在して代金支払いの取扱いを代行することを信用購入あっせんといいます。

よく利用される例として、消費者がクレジットカードを利用して商品を購入し、その代金を信販会社が立て替えるケースがあります。このようにクレジットカードを利用し、限度額の中で包括的に与信（買主に信用を与えて代金の支払時期を商品の引渡時期などより遅らせること）をするタイプを包括信用購入あっせん（包括クレジット）といいます。

そして、信用購入あっせんは、第三者が用意した金銭を売主に支払う点で、前述したローン提携販売と同じですが、ローン提携販売のように売主が保証人になることはありません。信用購入あっせんでは、売主は与信をせず、商品などの売買契約の

割賦販売法の規制する取引

取　引	対　象	支払条件
①割賦販売	指定商品・指定権利・指定役務に限定	２か月以上にわたり、かつ３回以上に分割して支払うもの
②ローン提携販売	指定商品・指定権利・指定役務に限定	２か月以上にわたり、かつ３回以上に分割して支払うもの
③包括信用購入あっせん	商品・役務・権利のすべて	２か月超にわたるものであれば１回払い・２回払いも対象
④個別信用購入あっせん	商品と役務のすべてと指定権利	２か月超にわたるものであれば１回払い・２回払いも対象
⑤前払式特定取引	商品と政令で定める役務	２か月以上にわたり、かつ３回以上に分割して支払うもの

※法定の適用除外事由に該当する取引は割賦販売法の規制対象とならない（8条、35条の3の60）

締結だけを行い、信販会社が買主に対して与信を行います。

④　**個別信用購入あっせん**

包括信用購入あっせんと異なり、クレジットカードを利用せず、商品などの売買契約が締結されるたびに（個別に）、信販会社がその買主に対して与信を行うものを個別信用購入あっせん（個別クレジット）といいます。

⑤　**前払式特定取引**

経済産業大臣の許可を受けた特定の事業者に対し、会費などの名目で代金を支払うことにより、特定の物品やサービスの提供を受けるという取引を前払式特定取引といいます。

代表的な例として、百貨店やスーパーの友の会などに入会して月々の会費を支払うと、一定期間後に商品券などが提供されるという取引があります。その他にも、冠婚葬祭互助会に入会して月々の会費を支払うと、その一部が積み立てられ、結婚式や葬儀の必要が生じたときに、積立金を利用して割安で式を挙行することができるという取引も前払式特定取引にあたります。

指定制度

割賦払いで商品などを購入すれば、常に割賦販売法が適用されるわけではありません。割賦販売とローン提携販売は、指定商品・指定権利・指定役務（サービス）の取引である場合に限り、割賦販売法の適用対象となります（前ページ図参照）。

一方、包括信用購入あっせんは、原則としてすべての商品・権利・サービスが適用対象となります。個別信用購入あっせんは、権利は指定権利のみが適用対象となりますが、商品とサービスは原則としてすべての商品・サービスが適用対象となります。前払式特定取引は、すべての商品と指定役務（次ページ図の前払式特定取引の指定役務）に適用対象が限定されます。

トラブルが多発する取引

割賦販売法で規制される悪質行為として、174ページ図掲載のものがあります。特に消費者（買主）との間でトラブルが多発しているのが個別信用購入あっせんです。

消費者を勧誘し、契約をする段階にまで話が進んでも、消費者が現金やクレジットカードなどを所持していなければ、契約を結ぶことは難しいのが現実です。そこで、販売業者が持ち出すのが個別信用購入あっせんです。

個別信用購入あっせんは、手元にお金がなくても後払いで商品やサービスなどの購入ができる点で、消費者に利益のある取引です。しかし、クレジット業者が消費者の返済能力を超える金額の商品・サービスなどの購入を求めることがあり、悪質商法や多重債務問題を招く原因になっています。

その中でも深刻なトラブルが、消費者に必要以上の商品の購入を求める過量販売や、複数の機会にわたっ

割賦販売法の規定する指定商品・指定権利・指定役務

種類	指定されている対象物
指定商品（抜粋）	真珠・貴石・半貴石、幅 13 ㎝以上の織物、履物及び身の回りの品を除く衣服、ネクタイ・マフラー・ハンドバッグ等の装身具、履物、書籍、ビラ·パンフレット·カタログ等の印刷物、ミシン·手編み機械、はさみ·ナイフ·包丁等の利器、浄水器、レンジ、天火、こんろ等の料理用具、化粧品、化粧用ブラシ・化粧用セット、など 54 項目。
指定権利	①人の皮膚を清潔・美化し、体型を整え、または体重を減らすための施術を受ける権利、②人の皮膚を清潔・美化し、体型を整え、体重を減じ、または歯牙を漂白するための医学的処置・手術及びその他の治療を受ける権利、③保養のための施設またはスポーツ施設を利用する権利、④語学の教授を受ける権利、⑤学校や専修学校の入学試験のための備えや学校教育の補習のために学力の教授を受ける権利、⑥児童・生徒・学生を対象とし、サービスを提供する事業者の事業所で行われる、入学試験への備えや学校教育の補習のための学力の教授を受ける権利、⑦電子計算機·ワードプロセッサーの操作に関する知識・技術の教授を受ける権利、⑧結婚を希望する者を対象とした異性の紹介を受ける権利。
指定役務（抜粋）	人の皮膚を清潔・美化し、体型を整え、または体重を減らすための施術を行うこと、人の皮膚を清潔·美化し、体型を整え、体重を減じ、または歯牙を漂白するための医学的処置・手術及びその他の治療を受けること、入学試験の備えまたは学校教育の補習のための学力の教授、結婚を希望する者を対象とした異性の紹介、など 11 項目。
前払式特定取引の指定役務	婚礼・結婚披露のための施設の提供・衣服の貸与その他の便益の提供及びこれに附随する物品の給付、葬式のための祭壇の貸与その他の便益の提供及びこれに附随する物品の給付。

て少しずつ何度も購入を求め、次々販売の支払いを個別信用購入あっせんで行わせるトラブルです。悪質なことをするつもりはなくても、利益の向上を追求するあまり、いつの間にか悪質商法の加害者になっていることもあります。

したがって、クレジット業者と提携して販売を行っている販売業者は、悪質商法に関与しているイメージをもたれないように気をつける必要があるでしょう。

反対に、割賦販売やローン提携販売については、悪質商法などのトラブルが比較的少ないようです。

割賦販売法によって規制されるおもな悪質行為

取引	規制されるおもな悪質行為
割賦販売	・消費者からの契約解除を不当に妨げる条項を置いている ・一度でも支払いが滞ると、直ちに消費者に対して全額請求できる条項を置いている
ローン提携販売	・消費者からの契約解除を不当に妨げる条項を置いている ・商品などに問題があった場合の支払拒否請求（支払い停止の抗弁）に応じない
包括信用購入あっせん（包括クレジット）	・カード会員の入会審査にあたって信用調査をしない ・法律で定められた上限を超える支払限度額を設定したクレジットカードを交付する ・個人情報やクレジットカード番号の管理をおろそかにする ・個人情報を漏えいさせる
個別信用購入あっせん（個別クレジット）	・次々販売（消費者のもとを何度も訪れて次々と販売すること） ・過量販売（消費者にその消費者が必要とする分量を著しく超える商品などを購入させること） ・個別クレジット契約の締結にあたって信用調査をしない ・消費者からの契約取消やクーリング・オフに応じない ・契約取消しやクーリング・オフした消費者からの返金請求に応じない ・個人情報の管理をおろそかにする ・個人情報を漏えいさせる
前払式特定取引	・契約解除を拒否したり、不当に遅延させたりする ・あらかじめ「契約の解除ができない」という特約を置く

2 割賦販売

割賦販売は購入者と販売業者（サービス提供業者）という二当事者間の取引

割賦販売法の定める割賦販売

割賦販売とは、割賦販売業者（割賦販売を業とする販売業者・役務提供事業者）が、商品などの対価を2か月以上の期間にわたり、かつ、3回以上に分割して受領することを条件にして、商品などの販売を行うことです。対象となるのは、政令で指定された商品・権利・役務（指定商品・指定権利・指定役務）の販売に限られます。

また、支払いの形態が「2か月以上の期間にわたり、かつ、3回以上に分割」したものに限られます。したがって、一括払いや2回払いで支払う場合には、割賦販売法で定める割賦販売に該当しません。なお、購入者が代金の支払いを完済させるまで、商品などの所有権は販売業者に留保されます。

割賦販売は、購入者と販売業者（またはサービス提供業者）という二当事者間の取引です。このことから「自社割賦」とも呼ばれています。

支払いの形態に応じて分類すると、個々の取引ごとに申込みを行う**個別方式（個品方式）**と、割賦販売業者が発行するクレジットカードを利用する**包括方式**に分類できます。後者の包括方式のうち、分割払いで支払うのが総合方式、リボルビング払いで支払うのが**リボルビング方式**です。

なお、包括方式において発行されるクレジットカードは、割賦販売業者もしくは提携する会社の店舗などでのみ使うことができるので、「ハウスカード」と呼ばれることがあります。

割賦販売は代金後払いの形態が多いですが、指定商品を引き渡すのに先立ち、購入者から2回以上にわたって代金の全部もしくは一部を受領する前払式割賦販売という割賦販売の形態もあります。前払式割賦販売は代金前払いのため、購入者が損害を被るおそれがあります。そこで、割賦販売業者が前払式割賦販売を行う場合には、経済産業省の許可を得なければなりません（許可制）。

広告の規制と契約書面の交付

割賦販売業者は自己に都合のよ

いことだけを広告してはいけません。広告をする際には、前述した支払方式に応じて、支払期間や支払回数、手数料率（利率）などの法定事項を表示しなければなりません。クレジットカードを交付する場合なども、法定事項を記載した書面の交付が必要です。

割賦販売業者は、割賦販売契約を締結した場合、必要事項を記載した契約書面を交付しなければなりません。個別方式と総合方式の必要事項は、①商品などの割賦販売価格、②１回ごとの支払分（賦払金）の額、③賦払金の支払時期・支払方法、④商品の引渡時期など、⑤契約解除に関する事項、⑥所有権の移転に関する定めがあるときはその内容、⑦その他割賦販売法施行規則で定められている事項です。

リボルビング方式の必要事項は、上記の④～⑦に加えて、商品などの現金販売価格・弁済金の支払方法です。さらに、リボルビング方式の場合、代金請求の際に、支払時期、支払金の額やその算定根拠を明示した書面を購入者に交付しなければなりません。

契約の際に気をつけること

分割払いの契約では、買主が定められた期日に賦払金を支払わない場合、売主が買主の期限の利益を喪失させ、残金の一括での支払いを要求することが多いようです。この点につき、割賦販売法では、購入者が賦払金の支払いを怠った際、割賦販売業者が期限の利益を喪失させたり、契約を解除するためには、購入者に対し、20日以上の期間を定めて催告しなければなりません（契約の解除等の制限）。賦払金の支払いを怠った際、直ちに全額の支払いを求められたり、契約を解除されたりするのは購入者に酷であるとの配慮から規定です。

また、契約が解除されたり、賦払金の支払いを怠ったりしても、購入者が不当に高額な賠償金を請求されることのないように、購入者の支払う損害賠償額（遅延損害金）などを制限する規定も置かれています（契約の解除等に伴う損害賠償等の額の制限）。

その他、消費者契約法により、割賦販売業者は、購入者に契約解除権を放棄させる特約や、割賦販売業者が負うべき債務不履行責任・不法行為責任・契約不適合責任を免責する一定の特約などをすることが禁じられており、このような特約は無効となります。

消費者が約款を確認できるように説明する

いくら割賦販売法などで契約解除に関する制限が設けられているといっても、その制限に違反しない範囲内であれば特約は有効です。

そこで、契約を締結した以上、特約を理由に契約解除や損害賠償請求を求められる可能性があることは、購入者側にも知ってもらう必要があります。

無用なトラブルを防止し、購入者に納得した上で契約をしてもらうために約款を確認しやすいものにして、きちんとした説明をする必要があります。

割賦販売と所有権留保の関係

たとえば、販売店Ａが客Ｂとの間で自動車を分割払いで販売する契約をするとします。この場合、自動車の所有権に関して、「客Ｂ（買主）による売買代金の全額の支払いが終わるまで、自動車の所有権は販売店Ａ（売主）に留保される」という特約がつけられることが多いようです。このような特約を所有権留保といいます。

所有権留保により、販売店Ａは、客Ｂによる分割払いの支払いが滞ったときは、売買契約を解除して、所有権に基づいて自動車の返還を請求することができます。

所有権留保は、割賦販売の場合において、売買代金を商品そのもので担保するようなものだといえます。

割賦販売のしくみ

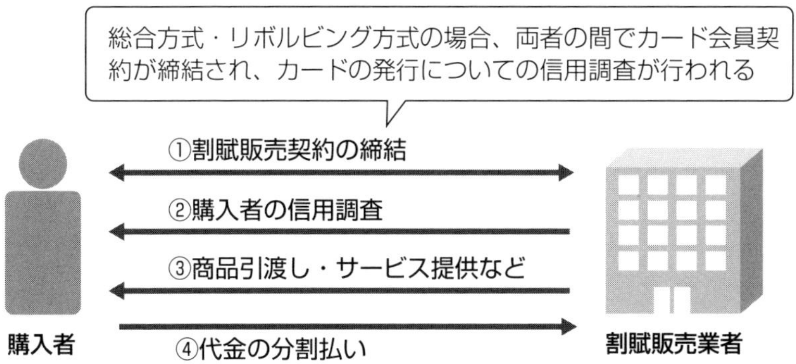
総合方式・リボルビング方式の場合、両者の間でカード会員契約が締結され、カードの発行についての信用調査が行われる
①割賦販売契約の締結
②購入者の信用調査
③商品引渡し・サービス提供など
④代金の分割払い
購入者
割賦販売業者

3 ローン提携販売

金融機関から資金を借り入れて購入する取引

ローン提携販売とは

消費者（購入者）が、おもにカードを利用して商品を購入する際、商品の代金を金融機関から借り入れ、2か月以上の期間にわたり、かつ3回以上に分割して金融機関に返済することを条件に、ローン提携販売業者（販売業者）が消費者の債務を保証する販売方式を**ローン提携販売**といいます。

ローン提携販売では、購入者が販売業者との間で売買契約を締結する際、買主と金融機関との間でカード契約に基づき金銭消費貸借契約が締結され、買主が金融機関から商品の代金分の金銭を借り入れます。購入者は、借り入れた金銭を販売業者への支払いに充当しますが、この際、購入者の返済債務について販売業者と金融機関の間で保証契約が締結されます。その後、購入者が金融機関に対し、月々のローンを支払いますが、購入者が支払いを延滞した場合は、保証債務を負う販売業者が代わりに支払います。

なお、販売業者が専門の保証業者に保証を委託することもあります。

ローン提携販売は包括式と個別式に分類されますが、個別式は割賦販売法では「個別信用購入あっせん」に含めています。したがって、割賦販売法上のローン提携販売は包括式のみとなります。また、ローン提携販売の対象となるのは、指定商品・指定役務・指定権利の販売に限られます。

広告の規制と契約書面の交付

割賦販売法は、販売業者に対して、広告表示に関する規制を定め、契約書面の交付義務を課しています。

①　広告の規制

販売業者は、広告をする際、支払期間や支払回数、借入金の利率やその他の手数料の料率などを表示することが必要です。また、カードを交付するときも、購入者に対して、法定事項を記載した書面の交付が必要です。

②　書面の交付

契約締結時に、販売業者は、購入者に対して、支払総額、分割返済金の額、分割返済金の返済時期や返済方法、契約解除に関する事項など、必要事項を記載した書面を遅滞なく交付することが必要です。

契約内容についての規定

ローン提携販売には割賦販売では規制されていた、契約の解除等の制限（期限の利益を喪失させる措置などの規制）や、契約の解除等に伴う損害賠償等の額の制限（176ページ）は定められていません。なお、遅延損害金は他の法律による利率の制限を受けることがあります。

反対に、割賦販売の場合と同じく、消費者契約法により、販売業者や信販会社は、購入者との契約において、購入者の契約解除権を放棄させる特約や、販売業者や信販会社が負うべき債務不履行責任・不法行為責任・契約不適合責任を免責する一定の特約などをすることが禁じられており、このような特約は無効となります。

抗弁権の接続

購入者が、商品の欠陥や期日の遅延といった販売業者に対する抗弁をもつ場合、その抗弁を第三者にも主張することで、その第三者からの弁済の請求を拒むことができる、という制度を**抗弁権の接続**といいます。

ローン提携販売では抗弁権の接続が認められています。ただし、代金の支払総額が4万円未満の場合は、抗弁権の接続が認められません。この場合は、販売業者に対する抗弁を金融機関に主張することはできません。

ローン提携販売のしくみ

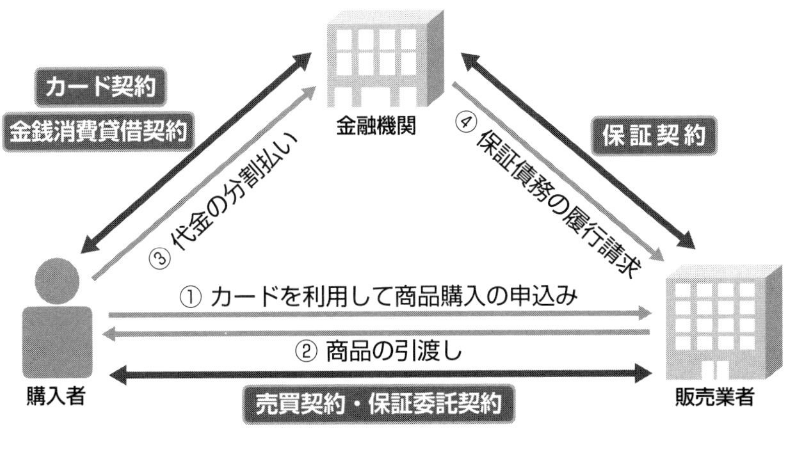

4 包括信用購入あっせん

クレジットカードを利用した商品などの購入である

包括信用購入あっせんとは

たとえば、クレジットカードを利用して商品を購入した場合、信販会社から立替払いを受け、購入者は信販会社に対して購入代金を２か月超の分割払いなどで返済することになります。

信販会社やカード発行会社などの包括信用購入あっせん業者（包括クレジット業者）の交付するカード等を利用して商品・権利・役務を購入し、販売業者が包括信用購入あっせん業者から立替払いを受け、購入者が代金を包括信用購入あっせん業者に支払う契約形態を**包括信用購入あっせん（包括クレジット）**といいます。

通常、カード発行会社と販売業者の間には加盟店契約が結ばれていますが、加盟店契約がなくても包括信用購入あっせんに該当します。

もっとも、割賦販売法上の規制対象となるのは、購入から支払いまでが2か月を超えるものです。１回払い、２回払いも規制対象に含まれますが、翌月一括払い（マンスリークリア）は、決済手段の性格が強いことから規制対象外とされています。

支払可能見込額の調査

利用者に対してカード等を交付する場合や、交付済みのカード等の利用可能限度額を変更する際には、利用者の支払能力や借入れ状況などについて包括信用購入あっせん業者による調査が行われます。消費者の支払能力を超えるカード等の交付は原則として禁止されます。

簡単に言うと、支払可能見込額（年収と預貯金の合計額からクレジット債務と生活維持費を除いた金額）の90％にあたる金額を超える限度額を定めるカード等の発行が、原則として禁止されます。

なお、生活維持費の額は、住宅ローンの返済、家賃の支払いの有無や世帯人数を基に決められます。

支払可能見込額の調査の利用が不要となる業者の創設

令和２年成立の改正で、包括信用

購入あっせん業者が、①登録包括信用購入あっせん業者、②認定包括信用購入あっせん業者、③登録少額包括信用購入あっせん業者に区分されました。従来からの業者は①に該当し、①の業者は②の業者に認定される資格があります。③の業者は、限度額10万円以下のカード等に限り発行することが可能な業者です。そして、②③の業者は、前述した支払可能見込額の調査が不要となり、これに代わる各社の与信審査手法を用いることができます。

交付時の取引条件に関する情報提供

包括信用購入あっせん業者は、利用者にカード等を交付する際、支払回数・支払期間、手数料率、限度額などの取引条件に関する情報を提供することが必要です。なお、包括信用購入あっせん業者が取引条件について広告するときは、これらの取引条件を広告に表示することが必要です。

利用時の利用明細等の情報提供

利用者がカード等を利用して商品等を購入する際、販売業者と包括信用購入あっせん業者は、利用明細等の情報を提供しなければなりません。販売業者は、現金販売価格、商品の引渡時期、契約解除に関する事項、商品の名称・数量などを情報提供します。これに対し、包括信用購入あっせん業者は、支払総額、支払いの時期・方法などを情報提供します。

包括信用購入あっせん（包括クレジット）のしくみ

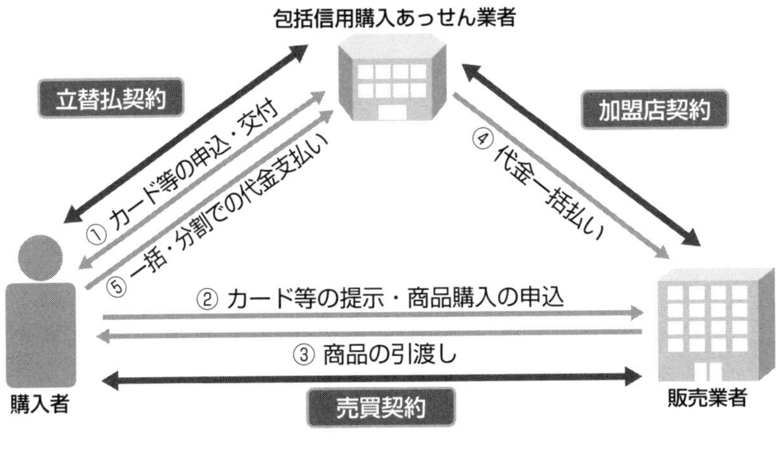

なお、令和２年成立の改正で、前述した取引条件に関する情報提供と利用明細等の情報提供は、利用者の求めがある場合に書面交付義務を負うことになりました。利用者の求めがなければ、ウェブサイトへの掲載や電子メールの送付などの電磁的方法での情報提供が可能です。さらに、プラスチックカードなどの物体が利用者に交付されず、スマートフォンなどで取引が完結する場合は、書面交付義務を負わない（電磁的方法での情報提供でよい）ことになりました。

不当条項の制限

契約の解除等に伴う損害賠償等の額の制限や、期限の利益を失わせる場合などに催告を要する規制（契約の解除等の制限）がある点は、後述する個別信用購入あっせんと同様です。令和２年成立の改正で、催告をする際、利用者の同意があれば、電磁的方法を選択できるようになりました（スマートフォンなどで取引が完結する場合は電磁的方法でよい）。

抗弁権の接続

ローン提携販売と同じく、購入者（利用者）が販売業者に対して代金支払いを拒絶できる抗弁事由（商品の欠陥など）をもつ場合、その抗弁事由を包括信用購入あっせん業者にも主張ができます（抗弁権の接続）。つまり、販売業者に対して抗弁事由を主張できるのであれば、それをカード発行会社にも主張して、購入者が代金支払いをストップすることができます。

抗弁権の接続のしくみ

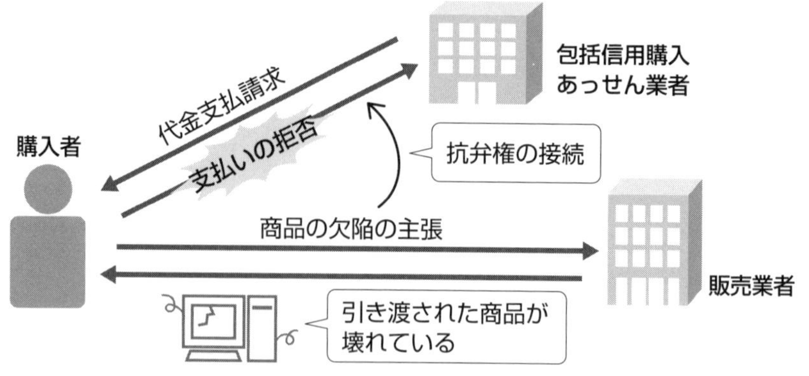

5 個別信用購入あっせん

商品等を購入する際にクレジット会社と契約を結ぶ形態

個別信用購入あっせんとは

個別信用購入あっせん（個別クレジット）とは、商品等（商品・役務・指定権利を購入する際、購入者が販売業者と提携している個別信用購入あっせん業者（個別クレジット業者）との間で立替払契約を結ぶものです。「クレジット契約」「ショッピングクレジット」と呼ばれることが多いようです。

商品等の代金は個別クレジット会社から販売業者に立て替えられ、購入者が２か月を超えてから分割払いまたは１回払いなどの方法で個別クレジット業者に対して返済します。

通常、代金の支払いが完済するまで、商品や権利の所有権を個別クレジット会社が留保する形になります。そして、包括信用購入あっせんと同様、購入から支払いまでが２か月を超えるもの（翌月一括払い以外のもの）であれば、１回払いも規制対象に含まれます。

個別信用購入あっせんは、カード等がなくても商品を購入できる点で消費者にとって便利です。ただ、包括信用購入あっせんの場合、購入者は利用するカード等を選択できますが、個別信用購入あっせんの場合、個別クレジット業者は販売業者の都合で決まり、購入者の側で利用する個別クレジット業者を選択できないのが一般的です。

また、個別クレジット業者は、購入者の支払可能見込額を調査する義務を負っており、１年あたりの支払額が支払可能見込額を超える商品等に関する契約の締結が禁止されています。

販売業者に対する調査

支払いを個別信用購入あっせんにより行う訪問販売やマルチ商法によりトラブルが生じることを防ぐため、販売業者が一定の取引を行う場合、個別クレジット業者は、消費者契約法や特定商取引法に違反する事実の有無を調査しなければなりません。

「一定の取引」とは、特定商取引法で規制する①訪問販売、②電話勧誘販売、③連鎖販売取引に関して個人との間で結ばれる契約のうち一定のもの（特定連鎖販売個人契約）、④特定継続的役務提供、⑤業務提供誘引販売取引に関して提供される業務について行われる個人との契約（業務提供誘引販売個人契約）です。この①～⑤の取引は、割賦販売法では「特定契約」と定義されています。

調査の結果、申込みや契約の勧誘について販売業者に違法行為が見つかった場合には、個別クレジット業者は、販売業者の相手方（購入者）との間で個別信用購入あっせんに関する契約を結ぶことが禁止されます。

取引条件の明示と契約書面の交付

個別信用購入あっせんを利用して商品等を販売しようとする（もしくは広告する）場合、販売業者は、購入者に対し、現金販売価格、支払総額、支払期間・回数などの取引条件を明示しなければなりません。

その後、個別信用購入あっせんを利用した販売契約などが結ばれた場合、販売業者は、購入者に対し、商品の引渡時期など、支払総額、支払時期・方法、契約解除に関する事項などを明記した書面（契約書面）を交付しなければなりません。

また、販売契約などが前述した

個別信用購入あっせん（個別クレジット）のしくみ

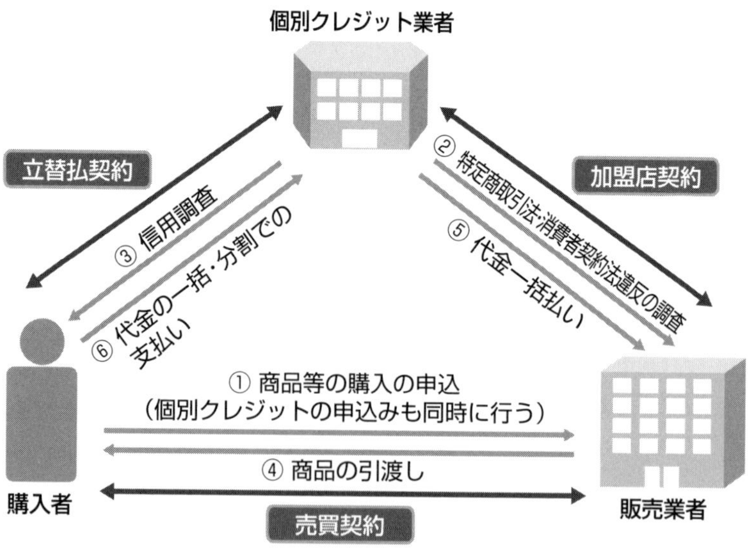

特定契約に該当する場合、個別クレジット業者は、購入者に対し、クーリング・オフに関する事項などを記載した書面を交付しなければなりません。この書面の交付を受けた日がクーリング・オフの起算日になります。

なお、令和２年成立の改正で、利用者の同意があれば、書面交付に代えて電磁的方法による情報提供が可能になりました。

不当条項の制限など

包括信用購入あっせんと同様の不当条項の規制が設けられています。ただし、期限の利益を失わせる場合などに催告を要する規制（契約の解除等の制限）につき、催告は書面で行わなければならず、購入者の同意があっても電磁的方法の選択はできません。

その他、購入者が販売業者に対して抗弁権をもつ場合、その抗弁権を個別クレジット会社にも主張できる抗弁権の接続の制度もあります。

個別信用購入あっせんの取消権

販売契約などが前述した特定契約に該当する場合で、勧誘の際に重要な事実を故意に告げなかったり（故意の事実不告知）、商品等につき事実でないことを告げたりしていた（不実の告知）ときは、販売契約などを取り消すのと同時に、個別信用購入あっせんに関する契約を取り消すことができます。

購入者が代金を支払っていても、取消し後は個別クレジット業者に対して返還請求ができます。

支払可能見込額の算定（個別信用購入あっせんの場合）

支払可能見込額 ➡ 年収から生活維持費（下記金額）とクレジット債務（１年間の支払予定額）を除き、返済履歴や商品の担保価値などを総合的に検討して算定

●生活維持費

１人世帯 ➡ 90万円（住宅ローンや家賃支払いがある場合には116万円）
２人世帯 ➡ 136万円（住宅ローンや家賃支払いがある場合には177万円）
３人世帯 ➡ 169万円（住宅ローンや家賃支払いがある場合には209万円）
４人世帯以上 ➡ 200万円（住宅ローンや家賃支払いがある場合には240万円）

6 個別信用購入あっせんとクーリング・オフ

クーリング・オフ後は支払った代金は返還してもらえる

個別クレジット契約のクーリング・オフ

個別クレジット契約とは、商品等の購入の際に個別クレジット会社（個別信用購入あっせん業者）が販売業者に立替払いをして、購入者が２か月超にわたって分割払いまたは一括払いで代金を支払うという個別信用購入あっせんに関する契約です。

個別信用購入あっせんは、消費者側にとっては、手元に現金やクレジットカードなどがなくても、商品等を購入できるメリットがあります。その反面として、消費者が支払能力を超える長期間の返済を迫られる、販売業者にだまされて購入するといったトラブルも多発しています。

また、個別クレジット会社は、販売業者と密接な関係を持っていることが多く、販売業者の悪質な勧誘によって得た利益の配分にあずかっているケースもあります。そこで、消費者被害を防ぐ目的から、割賦販売法で規制が行われています。

個別クレジット契約のクーリング・オフが認められるのは、割賦販売法が定める「特定契約」（訪問販売、電話勧誘販売、特定連鎖販売個人契約、特定継続的役務提供取引、業務提供誘引販売個人契約）について個別クレジット契約を結んだ場合です。

たとえば、マルチ商法や内職商法の被害に遭ったときは、代金の支払いを個別クレジット契約で行うことにしていたとしても、その個別クレジット契約のクーリング・オフができます。これに対し、通信販売にはクーリング・オフの制度がないため（返品制度はある）、通信販売は適用対象外です。

商品等の購入契約のクーリング・オフは法律上は不要である

消費者側は、個別クレジット契約のクーリング・オフを行うことにより、商品等の売買契約のクーリング・オフも行ったとみなされます。しかし、用心して個別クレジット会社と販売業者の双方に対し、同時にクーリング・オフの通知を出すのが一般的です。

クーリング・オフの通知は書面で行うことが必要です。クーリング・オフができる期間は、特定商取引法で定められている期間と同様です。

消費者側が支払っていた割賦金は返還しなければならない

消費者側が個別クレジット契約のクーリング・オフをした場合に問題となるのが、商品等の代金の全部もしくは一部を支払っている場合、その返還をどうするかという点です。

現在の割賦販売法の規定では、個別クレジット会社は、すでに受け取った代金を消費者側に返還しなければなりません。したがって、個別クレジット会社は、消費者側からの代金の返還請求があったときは、これに応じるべきことになります。

過量販売の取消権

訪問販売が過量販売にあたる場合、消費者側は、契約締結時から１年間は販売契約を解除することができます。そして、過量販売の代金支払いについて個別クレジットで行う契約を結んでいた場合は、個別クレジット契約を解除することもできます。この解除権の行使期間は、個別クレジット契約の締結時から１年間です。

この場合、消費者側が代金を支払い済みであっても、個別クレジット会社に対して返還請求ができます。

個別クレジット契約における購入者保護のためのルール

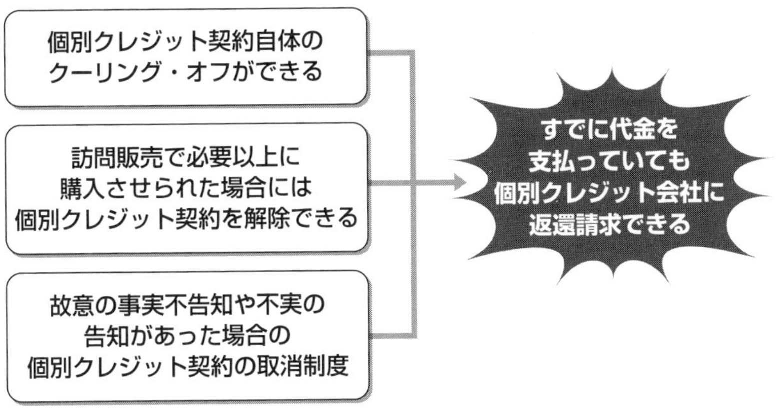

個別クレジット契約自体の
クーリング・オフができる
訪問販売で必要以上に
購入させられた場合には
個別クレジット契約を解除できる
故意の事実不告知や不実の
告知があった場合の
個別クレジット契約の取消制度
すでに代金を
支払っていても
個別クレジット会社に
返還請求できる

7 指定信用情報機関

債務残高や支払履歴などを記録・管理している機関

指定信用情報機関とは

消費者の債務残高や支払履歴などを記録・管理する法人で、経済産業大臣が指定する事業者を**指定信用情報機関**といいます。指定信用情報機関にクレジット業者（包括クレジット業者や個別クレジット業者）が会員として加入することで、個々の消費者が、それぞれのクレジット業者が負担する債務額やその支払状況が共有できます。

なぜなら、会員であるクレジット業者は、消費者とクレジット契約（包括信用購入あっせんや個別信用購入あっせんに関する契約）を締結した場合、指定信用情報機関への情報提供義務を負うからです。また、契約時にはクレジット業者が消費者から指定信用情報機関より情報照会することへの同意を得る必要があります。なお、会員であるクレジット業者の信用情報の取扱いについては、指定信用情報機関が監督する役目を担っています。

指定信用情報機関の制度が設けられたのは、増え続けていた多重債務問題を防止するためにクレジット規制を強化する必要が生じたからです。

割賦販売法では、クレジット業者に対して、購入者の支払能力を超える契約締結を禁止し、支払可能見込額の調査を義務付け、関連する情報を提供する指定信用情報機関の制度を設けています。クレジット業者から提供を受けて指定信用情報機関に登録される本人識別情報は、氏名、住所、電話番号、生年月日、本人確認書類の記号・番号に及びます。さらに、クレジット契約をした年月日、債務残高、年間見込支払額、支払遅延の有無なども記録・管理されています。これらの情報を「基礎特定信用情報」といいます（次ページ図）。

なお、令和２年成立の法改正で、勤務先の商号もしくは名称が基礎特定信用情報から除外されています。

指定を受けるための要件

指定信用情報機関は、適正で安定的な業務の運営を行う必要があるため、保有する信用情報の規模や財産的基礎など一定の要件を満たさなければ、経済産業大臣の指定を受けることができません。法人であることは必須ですが、それ以外に、「加入包括クレジット業者の数が50以上」「加入個別クレジット業者の数が30以上」「保有する商品名等の数が400万件以上」などの規模的な要件があります。また、「純資産額が５億円以上」「保有する包括クレジット債務が１兆5000億円以上」「保有する個別クレジット債務が３兆円以上」などの財産的な要件があります。

その他、法人が割賦販売法や個人情報保護法などに違反して罰金刑を受けていない、役員が法令に違反して禁錮以上の刑または罰金刑を受けていないなどの欠格要件があります。

指定信用情報機関の義務

指定信用情報機関は厳格で正確な情報を管理する必要があるため、一定の義務が課せられています。指定信用情報機関の行う業務は割賦販売法に定められた業務規定によるものですが、前述したように、おもな業務は基礎特定信用情報の提供を受け、それを記録・管理し、クレジット業者に提供することと、クレジット業者に対する監督です。これらに付随して基礎特定信用情報の正確性を確保する義務や、漏えい・滅失・破棄などを防止する安全管理措置を行う

指定信用情報機関に提供される情報（基礎特定信用情報）

- **購入者本人を識別するための情報**
  氏名、住所、生年月日、電話番号、運転免許証等の番号、本人確認書類に記載されている番号
- **包括クレジット（クレジットカード）の場合**
  契約年月日、支払いが行われていない債務の残額、１年間に支払うことが見込まれる額、債務や手数料の支払いの遅延の有無、包括信用購入あっせんを特定することができる番号
- **個別クレジットの場合**
  契約年月日、支払いが行われていない債務の残額、１年間に支払うことが見込まれる額、債務・手数料の支払いの遅延の有無、個別信用購入あっせんを特定することができる番号

義務があります。

また、指定信用情報機関としての透明性、中立性、公平性を確保する必要があるので、原則として兼業はできません。指定信用情報機関の行う業務を他の者に委託することもできません。ただし、委託に関しては経済産業大臣の承認を受けた場合に一部を委託することができます。

他にも、指定信用情報機関の役員や職員には業務に関して知り得た秘密を漏らしてはならないという秘密保持義務が課せられています。秘密保持義務については退職者についても同様の義務が課せられます。

加入クレジット会社の義務など

加入クレジット会社は、はじめに指定信用情報機関に加入する際（特定信用情報提供契約の締結時）に、それまでに交わした消費者との包括クレジット契約や個別クレジット契約に関する基礎特定信用情報を提供する義務があります（債務が消滅していないものに限ります）。

消費者と契約を締結する前には、年収から生活維持費、クレジット債務などを減算した上で、返済履歴などさまざまな要素を考慮して、支払可能見込額を算定する義務を負います。これによって、返済不可能に陥る多重債務者が生まれないようにすることを意図しています。

また、消費者との間でクレジット契約を締結した際は、遅滞なくその契約に関する基礎特定信用情報を指定信用情報機関に対して提供する義務があります。あわせて基礎特定信用情報に変更があった場合には、遅滞なく変更内容を提供しなければなりません。

加入クレジット会社は、支払可能見込額を算定するため、指定信用情報機関に対して消費者に関する基礎特定信用情報などの提供を依頼する場合、あらかじめその消費者から同意を得る必要があります。方法としては、書面または電磁的記録によるもの（電子メールやウェブサイトなど）となります。また、これらの同意を得た記録についての保存義務も生じます。

その他、加入クレジット会社の役員や従業員について、支払能力調査以外の目的で、基礎特定信用情報の提供を受けることや、基礎特定信用情報の使用もしくは第三者提供をすることが禁止されています。退職した者についても同様の義務が課せられます。

8 クレジットカード番号等の管理

クレジットカード番号等の適切管理義務がある

適切管理義務の対象事業者

クレジットカード番号等（カード番号やパスワードなど、以下「カード番号」という）の漏えい防止などのため、割賦販売法では**カード番号の適切管理義務**（カード情報を盗らせないなど）を課しています。

対象事業者は、①クレジットカード発行業者（イシュア）、②立替払取次業者（アクワイアラ）、③加盟店（販売業者）、④決済代行業者、⑤コード決済事業者等（コード決済事業者等から委託を受けた事業者を含む）です。

①は、利用者に対しクレジットカードを発行する会社です。具体的には、２か月を超える支払条件のクレジットカード発行会社（包括信用購入あっせん業者）に加えて、マンスリークリアカード発行会社（二月払購入あっせん業者）も含まれます。

②は、イシュアのために、加盟店に対し立替金を交付する事業者です。日本では、アクワイアラがイシュアと同一会社であることが多いようです。

④は、アクワイアラのために、加盟店に対し立替金を交付する事業者です。加盟店にとっては、個々のアクワイアラと契約しなくても、１社の決済代行業者と契約することで、決済手段を増やせるというメリットがあります。

⑤は、利用者から提供を受けたカード番号を用いて、次回以降、当該カード番号等を入力することなく、商品の購入などができるサービスを提供する事業者です。たとえば、QRコード決済を提供する事業者が該当します。

不正利用防止義務やおもな罰則

割賦販売法は、加盟店に対し適切管理義務に加え、**カード番号の不正利用の防止措置**（偽造カードを使わせないなど）を講じる義務を課しています。

また、業務上知り得たカード番号を不正な利益を図る目的で第三者へ提供・盗用した者は、３年以下の懲役または50万円以下の罰金に処するなどの罰則も規定されています。

9 前払式特定取引

対価を先に支払うことでサービスを受けることができる取引

前払式特定取引とは

一般的な割賦販売やクレジット契約（包括クレジットや個別クレジットに関する契約）では、商品は先に買主に引き渡され（もしくはサービスの提供を買主が先に受けて）、買主は数か月から数年にかけて、その代金を後払いで支払います。

これに対し、**前払式取引**と呼ばれる取引では、買主が先に代金を支払い、目的物の引渡し（もしくはサービスの提供）は、原則としてその支払いが終わった後になります。前払式取引の例として挙げられるものには、冠婚葬祭を取り扱う互助会や、百貨店などの友の会といった組織の取引があります。いずれの組織も、特定のサービスや商品を購入することを前提として、会員から一定期間にわたり会費（積立金）と称して対価の支払いを受けます。その後、満期時にボーナスなどと称して商品券を付与したり、一般客よりも割安にサービスを受けられるといった特典をつけたりすることで、お得感を持たせ入会を勧誘します。

割賦販売法が規制する前払式取引である「前払式特定取引」は、①商品売買の取次ぎ（連絡や仲介のこと）や特定役務の提供についての取次ぎを行う取引であること、②目的物の引渡しや特定役務の提供に先だって対価の支払いを受けること、③対価は２か月以上の期間にわたり、かつ３回以上に分割して受領すること、という条件をすべて満たした取引を意味します。

もっとも、前払式特定取引を業として行う（開業する）場合には、経済産業大臣の許可が必要です（許可制）。さらに、営業保証金の供託や、購入者から前払いを受けた金銭（前受金）の保全措置が義務づけられています。これに対し、取引条件の開示や契約内容に関する規制は定められていません。

前払式割賦販売との違い

前払式特定取引は、許可制を採用しており、営業保証金の供託や前受金の保全措置が課せられる点で、前払式割賦販売と共通しています。

しかし、前払式特定取引は、業者があくまで取次ぎを行うものであり、前払式割賦販売のように自ら販売を行うわけではない点が異なります。

どんな場合に問題となるのか

前払式特定取引において起こるトラブルの多くは、解約に関するものです。たとえば、冠婚葬祭の互助会に入会した場合、支払った会費の多くは葬儀や結婚式などの費用として使用することができます。しかし、入会した互助会が悪質な組織である場合には、いざ互助会を辞めようとすると、互助会から解約を断られたり、解約に際して高額の解約金を請求されたりするケースがあります。

この場合、契約書には「転居や生活保護が必要なほどの困窮に陥るなどよほどの事情がない限り解約はできない」「解約時には当社の規定する解約料を請求する」などという特約が設けられていることが多いようです。

互助会としては特約を根拠に解約を拒否したり、高額な解約料を請求したりしてくるわけです。契約書の内容に合意して契約している以上、特約には従わなければならないと泣き寝入りする人もいるかもしれません。

しかし、消費者契約法や民法などの法律の規定により、解約に関する特約の無効を主張することができる可能性があります。たとえば、消費者契約を根拠にして解約金条項の一部を無効とした裁判があります（大阪高判平成25年1月25日）。

前払式特定取引のしくみ（「友の会」の場合）

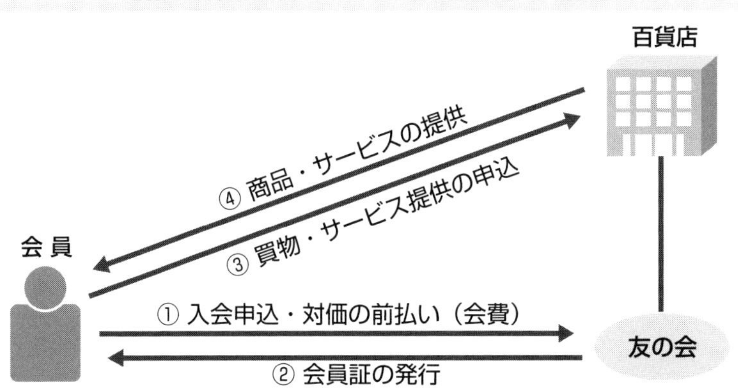

Column

ファイナンスリースと割賦販売法

商品の販売事業者（サプライヤー）が、直接的に消費者に商品を販売し、代金を分割で徴収する方式ではなく、商品をリース会社に販売し、その後は消費者（ユーザー）とリース会社との間で締結されるリース契約の中で、リース会社が消費者から商品のリース料の支払いを受けるという方式を**ファイナンスリース**といいます。ファイナンスリースでは、リース会社が販売事業者から購入する商品については、これを消費者が選定することが特徴です。

ファイナンスリースについては、販売事業者が商品代金をリース会社から受け取っていますが、これは事業者間の契約に基づいたものであるため、割賦販売法が適用されることはありません。

もっとも、ファイナンスリースにおいて、消費者との間で締結されるリース契約に関する条件のすり合わせや、契約書面の作成などの段階まで、リース会社ではなく商品の販売事業者が行うケースがあります。これを**提携リース契約**といいます。

提携リース契約は、クレジット会社が関与する個別信用購入あっせん契約と当事者の関係性が似ています。それでも、提携リース契約には割賦販売法が原則として適用されません。

たしかに、商品の販売事業者がリース契約の条件のすり合わせなどを担当した場合、実際にリース会社に消費者がリース料を支払っていくことは、商品代金を分割で支払うのと類似の状態といえます。

しかし、リース契約の場合は、商品の所有権がリース会社に残るという点で、消費者に商品を販売する契約ではないため（販売すると商品の所有権が消費者に移転するのが原則）、割賦販売には該当しません。

第5章

景品表示法のしくみ

1 景品表示法の全体像

消費者のために過大景品と不当表示を規制する

なぜ制定されたのか

景品表示法は、販売促進のための景品類の行き過ぎと、消費者に誤認される不当表示を規制するために、1962年に制定された法律です。

景品表示法ができる前の規制は、特定の業界における不当な景品類の提供によってもたらされる弊害が著しいとして、おもに商品の購入を条件に景品類を提供する行為を規制するものでした。過大な景品類の提供は、独占禁止法の「不公正な取引方法」の一類型である不当誘引行為として規制されていました。こうした過大な景品類の提供と不当な表示によって消費者を購買行動に誘う行為は、独占禁止法による規制では不十分だという声が各界から一挙に大きくなり、景品表示法が誕生したのです。

その後も、複数の事業者が食品表示等に関する大規模な偽装を行うなどの事例が相次いだこともあり、景品表示法は、特に行政の監視指導体制の強化や、不当な表示等を防止するために事業者が取り組むべき表示管理体制の徹底をめざして、法改正を通じて見直しが随時行われています。

どんな行為を規制しているのか

景品表示法は、その目的を、「取引に関連する不当な景品類及び表示による顧客の誘引を防止」するため、「一般消費者による自主的かつ合理的な選択を阻害するおそれのある行為の制限および禁止」をすることにより、「一般消費者の利益を保護すること」としています。

つまり、一般消費者の自主的・合理的な商品・サービスの選択を邪魔するような「過大な景品類の提供」と「不当な表示」を行う企業活動を制限・禁止するものです。

後述しますが、「過大な景品類の提供」については、必要があれば、景品類の価額の最高額・総額、種類・提供の方法など景品類の提供に関する事項を制限し、または景品類の提供を禁止することができる、としています。

一方、「不当な表示」については、

商品・サービスの品質などの内容について、一般消費者に対し、実際のものよりも著しく優良であると表示すること、または事実に反して競争事業者のものよりも著しく優良であると表示することを「優良誤認表示」として禁止しています。

また、価格などの取引条件に関して、実際のものよりも著しく有利であると一般消費者に誤認される表示、または競争事業者のものよりも著しく有利であると一般消費者に誤認される表示については「有利誤認表示」として禁止しています。

運用状況はどうなっているのか

景表法の目的は、一般消費者の利益を保護することにあります。そのため、以前は景品表示法の管轄が公正取引委員会でしたが、消費者の視点から政策全般を監視する「消費者庁」が平成21年9月に発足したことに伴い、消費者庁（表示対策課）に景品表示法の管轄が移されました。

また、県域レベルの事案に対応するような場合には、各都道府県が窓口となる場合もあります。消費者庁は、景品表示法違反の疑いのある事件について、調査を行い、違反する事実があれば、「措置命令」を行っています。措置命令は、過大な景品類の提供や不当表示を行った事業者に対して、その行為を差し止めるなど必要な措置を命ずることができるというもので、消費者庁のホームページなどで事業者の名前、違反の内容などが公表されることになります。

景品類とは

商品についてくる「おまけ」について過大な宣伝・広告がなされると、消費者が惑わされて購入してしまい、

景品表示法のイメージ

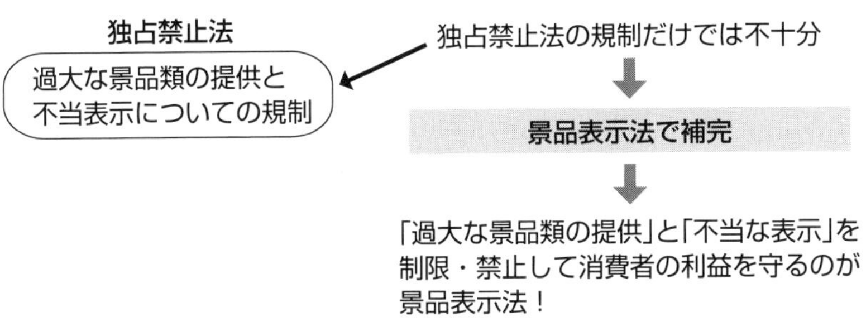
独占禁止法
過大な景品類の提供と不当表示についての規制
独占禁止法の規制だけでは不十分
景品表示法で補完
「過大な景品類の提供」と「不当な表示」を制限・禁止して消費者の利益を守るのが景品表示法！

後でトラブルが生じることがあります。そのため、景品類の提供については、景品表示法で規制が行われています。

一般的に**景品類**とは、粗品・おまけ・賞品などをいうと考えられています。景品表示法では、景品類を「顧客を誘引するための手段として、その方法が直接的であるか間接的であるかを問わず、くじの方法によるかどうかを問わず、事業者が自己の供給する商品または役務の取引（不動産に関する取引を含む）に付随して相手方に提供する物品、金銭その他の経済上の利益であって、内閣総理大臣が指定するもの」としています。

定義告示運用基準について

「景品類等の指定の告示の運用基準について」（以下「定義告示運用基準」といいます）によれば、景品類の提供に該当するための要件として、①「顧客を誘引するための手段として」、②「事業者」、③「自己の供給する商品または役務（サービス）の取引」、④「取引に付随して」、⑤「物品、金銭その他の経済上の利益」、の５つの項目を挙げています（下図参照）。

景品類の提供の要件（定義告示運用基準）

① 顧客を誘引するための手段として	企業側の意図ではなく、客観的に判断する
② 事業者	経済活動を行っている者すべてが含まれる
③ 自己の供給する商品または役務（サービス）の取引	需要者に届くまでの全流通段階における取引のすべてが含まれる。賃貸、交換、融資などの供給取引も含まれる
④ 取引に付随して	取引に付随して行われる景品類の提供のみが規制の対象となる
⑤ 物品、金銭その他の経済上の利益	商品・サービスなど経済的な対価を支払って手にいれるものすべてのもの

2 景品規制

懸賞によって提供できる景品類以外に、懸賞によらない景品類の提供も景表法で規制されている

どんな規制なのか

景表法における景品規制は、まず、すべての業種に対して適用される、①懸賞制限、②総付景品制限、という２つの種類が規定されています。さらに、特定の業種に対しては、個別の告示によって景品規制が規定されています。

懸賞制限とは

景表法では、懸賞によって提供できる景品類の最高額と総額を制限しています。

①　懸賞の定義

「懸賞」とは、くじなど偶然性を利用して、または特定の行為の優劣・正誤によって、景品類の提供の相手もしくは提供する景品類の額を定めることです。抽選券やジャンケン、パズル・クイズの正誤、作品などのコンテストの結果の優劣などによって景品類の提供を定める場合が該当します。

②　景品類の価額制限

「一般懸賞」（俗に「クローズド懸賞」ともいいます）の場合、懸賞によって提供できる景品類の価額の最高額は、10万円を限度として、「取引価額」の20倍の金額を超えてはならないとされています。たとえば、取引価額が800円の場合は、16000円までの景品がつけられます。これに対し、商店街や業界などが共同で行う「共同懸賞」の場合は、「取引価額」にかかわらず、最高額は30万円を限度としています。さらに、懸賞類の総額に関する規制もあり、一般懸賞の場合は「懸賞にかかる売上げ予定総額」の２％まで、共同懸賞の場合は３％までとされています。また、「取引価額」とは次の通りです。

・購入者に対して、購入額に応じて景品類を提供する場合はその購入金額
・購入金額を問わない場合は、原則100円。ただし、最低価格が明らかに、100円を下回るとき、または100円を上回るときは、その価格
・購入を条件としない場合は、原則100円。ただし、最低価格が明ら

かに100円を上回るときは、その価格

総付景品制限とは

景表法によって、懸賞によらない景品類の提供についても、規制されています。

① **総付景品の定義**

「総付景品」とは、懸賞の方法によらないで提供される景品類です。次の場合が該当します。

・商品・サービスの購入者全員に提供する場合
・小売店が来店者全員に提供する場合
・申込みまたは入店の先着順に提供する場合

② **最高限度額**

「取引価額」が1000円未満の場合は、景品類の最高額は、一律200円、1000円以上の場合は、取引価額の10分の2までです。

③ **適用除外**

次の場合で、正常な商習慣に照らして適当と認められるものは、総付景品の提供としての規制対象とはしないとされています。

・商品の販売・使用またはサービスの提供のために必要な物品
・見本などの宣伝用の物品
・自店および自他共通で使える割引券・金額証
・開店披露・創業記念で提供される物品

特定業種における景品制限

懸賞制限・総付景品制限は、すべての業種に適用されるものです。これに加えて、新聞業・雑誌業・不動産業・医療関係（医療用医薬品業・医療機器業・衛生検査所業）の４つの特定の業種については、別途、適用される制限が設けられています。

景品規制

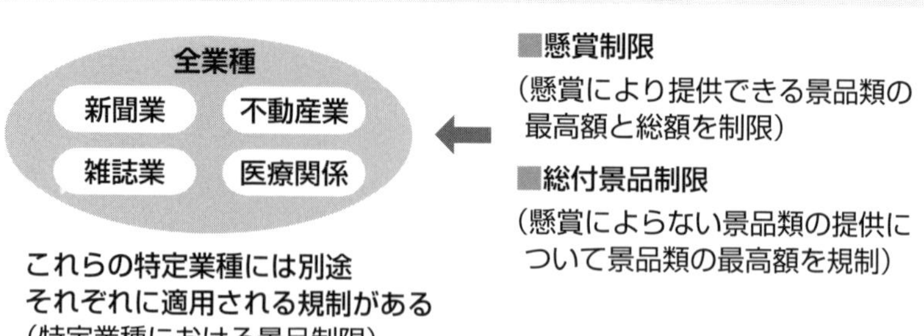

全業種
新聞業
不動産業
雑誌業
医療関係
これらの特定業種には別途
それぞれに適用される規制がある
（特定業種における景品制限）
■懸賞制限
（懸賞により提供できる景品類の最高額と総額を制限）
■総付景品制限
（懸賞によらない景品類の提供について景品類の最高額を規制）

これは、これら各業種の実情を考慮して、一般的な景品規制と異なる内容の業種別の景品規制が行われるべきだとして、景表法３条の規定に基づき、告示により指定されているものです。

特に、不動産業においては、売買に付随して消費者に景品類を提供する場合、その価額が高額になることが予想されるため、特別な規定を設ける必要があるとされています。

オープン懸賞について

オープン懸賞とは、事業者が、企業・商品の知名度・イメージを高めるために、新聞・雑誌・テレビ・ラジオやウェブサイトなどの広告で、商品（サービス）の購入を条件としないで、一般消費者に懸賞による金品の提供を申し出るものです。

事業者が、顧客を誘引するために行うものですが、「取引に付随」するものではないことから、景表法における規制を受けることがありませんので、そこに目をつけて、一般的にオープン懸賞と言われています。なお、提供できる金品について具体的な上限額の定めはありません。

一般懸賞における景品類の限度額

懸賞による取引価額	景品類限度額	
	最高額	総　額
5,000円未満	取引価額の20倍	懸賞に係る売上予定総額の２％
5,000円以上	10万円	

共同懸賞における景品類の限度額

景品類限度額	
最高額	総　額
取引価額にかかわらず30万円	懸賞に係る売上予定総額の３％

総付景品の限度額

取引価額	景品類の最高額
1,000円未満	200円

3 不当表示

優良誤認表示・有利誤認表示・その他の不当表示がある

不当表示とは

商品・サービスの品質や価格に関する情報は、消費者が商品・サービスを選ぶ際の重要な判断材料であり、消費者に正しく伝わる必要があります。

商品（サービス）に関する情報は、パッケージ・パンフレット・チラシ・説明書などによる表示や新聞・雑誌・テレビ・ラジオ・インターネットなどで行われる広告によって、消費者にもたらされます。そして、そこに表示された、商品の品質・内容、および価格・支払条件・数量などの取引条件から商品を選択します。

しかし、ここで行われる「表示」が、実際の内容より著しく優れたものであると示されている場合や、事実と違って他社の商品より優れていると示されている場合、消費者は商品の適正な選択を妨げられるという不利益を被ることになります。

景表法による**不当表示**の規制は、不当な顧客の誘引を防ぎ、消費者が適正に商品の選択ができるようにすることを目的としています。そのため、「不当表示」にあたるかどうかの判断は、当該表示が消費者にどのような印象･認識をもたらすかによることになります。

通常、消費者は、何らかの表示がされていれば、実際の商品も表示の通りだと考えます。表示と実際のものが違う場合、消費者は、実際の商品が表示通りの商品であると誤認することになるでしょう。景表法に規定される不当表示とは、このように商品・サービスの内容や取引条件について、消費者に誤認を与える表示のことをいいます。

景表法は、事業者が供給する商品・サービスについて、消費者に対して、不当に顧客を誘引し、消費者の自主的・合理的な選択を阻害するおそれがあると認められるこれらの表示（不当表示）を行うことを禁止しています。

どんなパターンがあるのか

不当表示の規制は、次の３つに区分されます。これらを、不当に顧客を誘引し、一般消費者による自主的・合理的な選択を阻害するおそれがあると認められる不当表示として禁止しています。

① **優良誤認表示**

商品・サービスの品質、規格その他の内容についての不当表示

② **有利誤認表示**

商品・サービスの価格その他の取引条件についての不当表示

③ **指定表示**

商品・サービスの取引に関する事項について消費者に誤認されるおそれがあると認められる内閣総理大臣が指定する表示

要件について

優良誤認表示、有利誤認表示、指定表示（内閣総理大臣が指定する表示）の3つの不当表示規制に該当するために共通する要件は、次の通りです。

① **表示**

景表法では、「表示」とは、「顧客を誘引するための手段として、事業者が自己の供給する商品または役務の内容または取引条件その他これらの取引に関する事項について行う広告その他の表示であって、内閣総理大臣が指定するもの」であると定めています（2条4項）。景品表示法上の「表示」として指定されているものは下記の5つです。

・商品、容器または包装による広告その他の表示およびこれらに添付した物による広告

・見本、チラシ、パンフレット、説明書面その他これらに類似する物による広告（口頭や電話を含む）

・ポスター、看板（プラカードおよび建物または電車、自動車等に記載されたものを含む）、ネオン・サイン、アドバルーン、その他これらに類似する物による広告およ

不当表示の類型

- ① 優良誤認表示 → 品質、規格、その他の内容についての不当表示
- ② 有利誤認表示 → 価格や取引条件について消費者を誤認させるような表示
- ③ 指定表示 → 一般消費者に誤認されるおそれがあるとして内閣総理大臣が指定する不当表示6つの指定表示がある（211 ページ）

び陳列物または実演による広告

・新聞紙、雑誌その他の出版物、放送（有線電気通信設備または拡声機による放送を含む）、映写、演劇または電光による広告

・情報処理の用に供する機器による広告その他の表示（インターネット、パソコン通信等によるものを含む）

② 顧客を誘引するための手段として行われるもの

事業者の主観的な意図や企画の名目がどうであるかは問題にならず、客観的に顧客取引のための手段になっているかどうかによって判断されます。また、新規の顧客の誘引にとどまらず、既存の顧客の継続・取引拡大を誘引することも含まれます。

③ 事業者

営利企業だけではなく、経済活動を行っている者すべてが事業者に該当します。そこで、営利を目的としない協同組合・共済組合や、公的機関・学校法人・宗教法人などであっても、経済活動を行っている限りで事業者に該当します。

④ 自己の供給する商品または役務（サービス）の取引にかかる事項について行うこと

「自己の」供給する商品・サービスに限られます。そのため、新聞社・放送局や広告会社などが、他社であるメーカーなどの商品・サービスの広告を行う場合は、不当表示規制の対象外となります。

不当表示規制の要件

- **表 示**
  包装による広告、パンフレット、ポスター、
  新聞紙・雑誌など、指定されているもの
- **顧客を誘引するための手段として**
  企業側の意図ではなく、客観的に判断する
- **事業者**
  経済活動を行っている者すべてが含まれる
- **自己の供給商品・サービスに関する取引について行われる表示**
  対象は自社の供給する商品・サービスに限られ、
  他社の商品・サービスの広告は含まれない

4 優良誤認表示

商品等の品質、内容についての規制

優良誤認表示とは

景品表示法では、商品やサービスの品質、規格などの内容について、実際のものや事実に相違して競争事業者のものより著しく優良であると一般消費者に誤認される表示を**優良誤認表示**として禁止しています。

この場合の「著しく」とは、誇張・誇大の程度が社会一般に許容されている程度を超えていることを指します。

また、表示が優良誤認表示にあたるか否かの判断にあたっては、表示に含まれる特定の文章、図表、写真等から受ける印象・認識ではなく、商品の性質、一般消費者の知識水準、取引の実態、表示の方法、表示の対象となる内容などを基に、表示全体から一般消費者が受ける印象・認識を基準として判断することになります。

誇張・誇大が社会一般に許容される程度を超えるものであるか否かは、当該表示を誤認して顧客が誘引されるか否かで判断され、その誤認がなければ顧客が誘引されることが通常ないであろうと認められる程度に達する誇大表示であれば「著しく優良であると一般消費者に誤認される」表示にあたります。

優良誤認表示は、ⓐ内容について、一般消費者に対し、実際のものよりも著しく優良であると示す表示、ⓑ事実に相違して、同種（類似）の商品・サービスを供給している競争事業者のものよりも著しく優良であると示す表示の2つに分類できます。

具体的には、商品（サービス）の品質を、実際のものより優れていると広告する場合や、競争事業者が販売する商品よりも特別に優れているわけではないのにあたかも優れているかのように広告を行うと、優良誤認表示に該当することになります。

消費者庁の資料によると優良誤認表示の具体的な例としては、以下のようなものがあります。

① **内容について、一般消費者に対し、実際のものよりも著しく優良であると示す表示**

・国産の有名ブランド牛肉であるか

のように表示して販売していたが、実はただの国産牛肉で、ブランド牛肉ではなかった。

・「入院１日目から入院給付金を支払う」と表示したが、入院後に診断が確定した場合には、その日からの給付金しか支払われないシステムになっていた。

・天然のダイヤモンドを使用したネックレスのように表示したが、実は使われているのはすべて人造ダイヤだった。

・「カシミヤ100％」と表示したセーターが、実はカシミヤ混用率が50％しかなかった。

②　事実に相違して、同種（類似）の商品・サービスを供給している競争事業者のものよりも著しく優良であると示す表示

・「この機能がついているのはこの携帯電話だけ」と表示していたが、実は他社の携帯電話にも同じ機能が搭載されていた。

・健康食品に「栄養成分が他社の２倍」と表示していたが、実は同じ量しか入っていなかった。

優良誤認表示

1. 実際のものよりも著しく優良であると示すもの
2. 事実に相違して競争関係にある事業者に係るものよりも著しく優良であると示すもの

↓ であって

不当に顧客を誘引し、一般消費者による自主的かつ合理的な選択を阻害するおそれがあると認められる表示

↓

優良誤認表示の禁止

（具体例）

・商品・サービスの品質を、実際よりも優れているかのように宣伝した

・競争業者が販売する商品・サービスよりも特に優れているわけではないのに、あたかも優れているかのように宣伝する行為

5 不実証広告規制

合理的な根拠を有しないまま表示をして販売をしてはいけない

優良誤認表示に関する不実証広告規制とは

不実証広告規制とは、消費者が適正に商品やサービスを選択できる環境を守るための規制です。

景表法では、内閣総理大臣（内閣総理大臣から委任を受けた消費者庁長官）は、商品の内容（効果・効能など）について、優良誤認表示に該当するか否かを判断する必要がある場合には、期間を定めて、事業者に対して、表示の裏付けとなる**合理的な根拠**を示す資料の提出を求めることができます。

提出期限は、原則として、資料提出を求める文書が送達された日から15日後（正当な事由があると認められる場合を除く）とされ、厳しいものとなっています。この期限内に事業者が求められた資料を提出できない場合には、当該表示は優良誤認表示とみなされます。

一般消費者への情報提供や説明責任を果たすという観点から、事業者は、効果や性能の有効性を示す表示を行う場合には、その表示の裏付けとなる合理的な根拠を示す資料をあらかじめ有した上で表示を行うべきであり、そのような資料を有しないまま表示をして販売を行ってはならないと考えられているのです。

「合理的な根拠」の判断基準

合理的な根拠の判断基準としては、以下の要素が必要です。

① **提出資料が客観的に実証された内容のものであること**

客観的に実証された内容のものとは、次のいずれかに該当するものをいいます。

ⓐ **試験・調査によって得られた結果**

試験・調査は、関連する学術界または産業界で一般的に認められた方法または関連分野の専門家多数が認める方法により実施する必要があります。学術界または産業界で一般的に認められた方法または関連分野の専門家多数が認める方法が存在しない場合は、社会通念上および経験則上妥当と認められる方法で実施する必要があります。

上記の方法で実施されている限り、事業者自身や当該事業者の関係機関が行った試験・調査であっても、表示の裏付けとなる根拠として提出することが可能です。

なお、消費者の体験談やモニターの意見等を根拠として提出する場合には、統計的に客観性が十分に確保されている必要があります。

ⓑ　専門家、専門家団体若しくは専門機関の見解または学術文献

見解・学術文献の基準とは、専門家等が客観的に評価した見解または学術文献で、当該専門分野で一般的に認められているものが求められます。

②　表示された効果、性能と提出資料によって実証された内容が適切に対応していること

提出資料がそれ自体として客観的に実証された内容のものであることに加え、表示された効果、性能が提出資料によって実証された内容と適切に対応していなければなりません。

不実証広告規制の対象となる具体的な表示

1　ダイエット食品の痩身効果

食事制限をすることなく痩せられるかのように表示していた

2　生活空間におけるウィルス除去等の効果

商品を使用するだけで、商品に含まれる化学物質の効果により、身の回りのウィルスを除去するなど、周辺の空間を除菌等するかのように表示をしていた

3　施術による即効性かつ持続性のある小顔効果

施術を受けることで直ちに小顔になり、かつ、それが持続するかのように表示をしていた

4　高血圧等の緩解または治癒の効果

機器を継続して使用することで頭痛等が緩解するだけでなく治癒するかのように、また、高血圧等の特定の疾病もしくは症状も緩解または治癒するかのように表示をしていた

6 有利誤認表示

価格などの取引条件についての規制

有利誤認表示とは

景品表示法は、商品やサービスの価格などの取引条件について、実際のものや事実に相違して競争事業者のものより著しく有利であると一般消費者に誤認される表示を**有利誤認表示**として禁止しています。また、景品表示法は、有利誤認表示のひとつとして**不当な二重価格表示**を禁止しています。

二重価格表示は、その内容が適正な場合には、一般消費者の適正な商品選択に資する面がありますが、比較対照価格の内容について適正な表示が行われていない場合には、有利誤認表示に該当するおそれがあります。

有利誤認表示は、次の２つに分類されます。

① **価格やその他の取引条件について、実際のものよりも著しく有利であると消費者に誤認される表示**

・住宅ローンについて、「○月○日までに申し込めば優遇金利」と表示したが、実際には、優遇金利は借入れ時期によって適用が決まるものであった。

・みやげ物の菓子について、内容の保護としては許容される限度を超えて過大な包装を行っていた。

② **価格やその他の取引条件が、競争事業者のものよりも著しく有利であると消費者に誤認される表示**

・他社の売価を調査せずに「地域最安値」と表示したが、実は近隣の店よりも割高な価格だった。

・「無金利ローンで買い物ができるのは当社だけ」と表示したが、実は他社でも同じサービスを行っていた。

不当な二重価格表示における問題点

「当店通常価格」「セール前価格」などといった過去の販売価格を比較対照価格とする二重価格表示を行う場合に、同一の商品について最近相当期間にわたって販売されていた価格とはいえない価格を比較対照価格に用いるときは、当該価格がいつの時点でどの程度の期間販売されていた価格であるかなど、その内容を正確に表示しない限り、不当表示に該当するおそれがあります。

ある比較対照価格が「最近相当期間にわたって販売されていた価格」にあたるか否かは、当該価格で販売されていた時期および期間、対象となっている商品の一般的価格変動の状況、当該店舗における販売形態等を考慮しつつ、個々の事案ごとに検討されることになります。

一般的には、二重価格表示を行う最近時において、当該価格で販売されていた期間が、当該商品が販売されていた期間の過半を占めているときには、「最近相当期間にわたって販売されていた価格」とみてよいとされています。

「販売されていた」とは、事業者が通常の販売活動において当該商品を販売していたことをいい、実際に消費者に購入された実績のあることまでは不要です。他方、形式的に一定の期間にわたって販売されていたとしても、通常の販売場所とは異なる場所に陳列してあるなど販売形態が通常と異なっている場合や、単に比較対照価格とするための実績作りとして一時的に当該価格で販売していたとみられるような場合には、「販売されていた」とはいえません。

有利誤認表示

1 実際のものよりも取引の相手方に著しく有利であると一般消費者に誤認されるもの
2 競争事業者に係るものよりも取引の相手方に著しく有利であると一般消費者に誤認されるもの

↓ であって

不当に顧客を誘引し、一般消費者による自主的かつ合理的な選択を阻害するおそれがあると認められる表示

↓

有利誤認表示の禁止

（具体例）
・商品･サービスの取引条件について、実際よりも有利であるかのように宣伝した
・競争業者が販売する商品・サービスよりも特に安いわけでもないのに、あたかも著しく安いかのように宣伝する行為

7 指定表示

一般消費者に誤認されるおそれがあると認められ、内閣総理大臣が指定する表示

その他誤認されるおそれのある表示（指定表示）

景表法には、法自体に要件が定められている優良誤認表示・有利誤認表示の２つの不当表示の他に、**内閣総理大臣が指定する不当表示**があります。複雑化し、高度化した現代の経済社会においては、優良誤認表示・有利誤認表示だけでは、消費者の適正な商品選択を妨げる表示に十分な対応ができないため、「指定表示」が設けられています。現在は、次の６つが指定されています。

①　無果汁の清涼飲料水等についての表示

対象となる商品は２つあります。１つは、原材料に果汁や果肉が使われていない、容器・包装入りの清涼飲料水など（清涼飲料水・乳飲料・発酵乳・乳酸菌飲料・粉末飲料・アイスクリーム類・氷菓）です。もう１つは、原材料に僅少な量の果汁や果肉が使われている容器・包装入りの清涼飲料水などです。

これらの商品について、無果汁・無果肉であることや、果汁・果肉の割合を明瞭に記載しないのに、果実名を用いた商品名の表示などをすることが不当表示となります。

②　商品の原産国に関する不当な表示

２つの行為類型が規定されています。１つは、国産品について外国産品と誤認されるおそれのある表示、もう１つは、外国産品について国産品・他の外国産品と誤認されるおそれのある表示が不当表示であると規定しています。

③　消費者信用の融資費用に関する不当な表示

消費者に対するローンや金銭の貸付において、実質年率が明瞭に記載されていない場合は不当表示にあたるとしています。

④　おとり広告に関する表示

広告·チラシなどで商品（サービス）があたかも購入できるかのように表示しているが、実際には記載された通りに購入できないものであるにもかかわらず、消費者がこれを購入できると誤認するおそれがあるも

のが不当表示となります。具体例としては、消費者庁（公正取引委員会）が公表した次のものがあります。

・セール期間中のチラシに「超特価商品10点限り！」と表示しているにもかかわらず、実際には、その商品をまったく用意していない場合、または表示していた量より少ない量しか用意していない場合には、おとり広告に該当し、不当表示とされる。

⑤　不動産のおとり広告に関する表示

具体例としては、次のものが不当表示となります。

・不動産賃貸仲介業者が、ウェブサイトである賃貸物件を掲載していたが、実際にはその物件はすでに契約済みであった。

⑥　有料老人ホームに関する不当な表示

具体例としては、次のものが不当表示となります。

・有料老人ホームが、入居希望者に配ったパンフレットには24時間の看護体制をとっていると表示していたが、実際には24時間体制はとっておらず、事実とは異なるものであった。

内閣総理大臣が指定する不当表示

1 無果汁の清涼飲料水等についての表示
2 商品の原産国に関する不当な表示
3 消費者信用の融資費用に関する不当な表示
4 おとり広告に関する表示
5 不動産のおとり広告に関する表示
6 有料老人ホームに関する不当な表示

8 事業者が講ずべき管理体制の構築

不当表示等を未然に防止するための措置を採る必要がある

求められる体制の構築

景品類の提供、もしくは、その事業者が供給する商品・役務について一般消費者向けに表示を行っている事業者は、その規模や業務の態様、取り扱う商品またはサービスの内容等に応じて、不当表示等を未然に防止するために必要な措置を講じなければなりません。

なお、従来から景表法や景表法の規定に基づく協定・公正競争規約を遵守するために必要な措置を講じている事業者は、別途新たな措置を採る必要はありません。

事業者が講ずべき措置の具体的な内容として、①景品表示法の考え方の周知・啓発、②法令遵守の方針等の明確化、③表示等（景品類の提供または自己の供給する商品・役務の一般消費者向けの表示）に関する情報の確認、④表示等に関する情報の共有、⑤表示等を管理するための担当者等を定めること、⑥表示等の根拠情報を事後的に確認するために必要な措置を採ること、⑦不当な表示等が明らかになった場合における迅速かつ適切な対応、などが挙げられます。

景品表示法の考え方の周知・啓発

不当表示等を防止するために、表示等に関与している役員および従業員にその職務に応じた周知・啓発を行う必要があります。特に、周知・啓発を行う際に、表示等が一般消費者にとって商品・役務を購入するかどうかを判断する重要な要素になっていること、そして、その商品・役務について多くの情報・知識を持っている事業者が正しい表示等を行うことで、一般消費者の利益が保護されることを、役員・従業員等に十分に理解させる必要があります。

法令遵守の方針などの明確化

事業者は、不当表示等を防止するために、景品表示法を含む法令遵守の方針・手順等をあらかじめ明確にしておかなければなりません。

たとえば、社内規程の中に法令遵

守の方針等として、法令違反があった場合の対処方針や対処内容、不当表示等については、不当表示等が発生した場合の連絡体制・商品等の回収方法、関係行政機関への報告手順を定めておくことが挙げられます。

表示等に関する情報の確認

事業者は、①景品類を提供しようとする場合における違法とならない景品類等の価額の最高額・総額・種類・提供の方法等、②商品・役務の長所や特徴を消費者に知らせるための内容等について積極的に表示を行う場合における、その表示の根拠となる情報、の２点に注意して確認を行う必要があります。

十分な確認が行われたと言えるかは、おもに表示等の内容・検証の容易性や、事業者が払った注意の内容・方法等を考慮して総合的に判断されます。たとえば、商品の内容等について積極的に表示を行う場合には、商品等の直接の仕入れ先に関する確認や、商品自体の表示の確認など、事業者が当然把握できる範囲の情報について、表示の内容等に応じて適切に確認することが通常求められると考えられます。

また、商品・役務の提供について段階がある場合には、業種によっては、提供する商品を企画する段階、材料の調達段階、調達した材料の加工（製造）段階、加工物を商品として実際に提供する段階など、複数の段階における情報の確認を組み合わせて実施することが必要になる場合もありえます。

表示等に関する情報の共有

表示等に関して確認した情報について、事業者内の表示等に関係する各部門において、不当表示等を防止する上で必要な場合に、情報を共有・確認できる体制を整えておく必要があります。特に部門が細分化されている事業者においては、商品等の企画・製造・加工などを行う部門と、実際に表示等を行う営業・広報部門等との間における情報共有が不十分であるために、不当表示等が発生することが少なくありません。

そこで、たとえば社内ネットワークや共有ファイル等を活用して、従業員が必要に応じて、表示の根拠になる情報を閲覧・伝達できるシステムを構築しておく必要があります。

表示等を管理する担当者等の決定

事業者は、表示等に関する事項の

適正な管理のために、担当者をあらかじめ定めて明確にしておくことが望まれます。なお、表示等管理担当者を定める上では、表示等管理担当者が表示等に関して監視・監督権限を持っていること、景表法の知識習得に努めていること、そして、表示等管理担当者が複数存在する場合には、それぞれの権限の範囲が明確であることが重要です。

また、表示等管理担当者に関して、事業者内部で誰が担当者であるのかを周知する方法が確立していることも重要です。もっとも、既存の管理部門や法務部門に、表示等管理業務を担当させるのであれば、新たに表示等管理担当者を設置する必要はありません。

表示等の根拠情報を事後的に確認するための措置を採る

事業者は商品・役務の表示等に関する情報について、表示等の対象となる商品・役務が一般消費者に供給され得ると考えられる期間にわたり、その情報を事後的に確認するために必要な措置を採らなければなりません。たとえば、商品の賞味期限に関する情報については、その期限に応じた期間にわたり、必要な資料を保管等する必要があります。

不当な表示等が明らかになった場合の対応

事業者は、特定の商品やサービスに景品表示法違反、または、そのおそれがあることが明らかになった場合に、事実関係を迅速・正確に確認し、消費者の誤認排除を迅速かつ適正に行う体制を整備しておかなければなりません。また、誤認した消費者のみではなく、以後の誤認を防止するために、一般消費者に認知させるための措置をとる必要があります。

景品の提供・表示について事業主が講ずべき管理上の措置

事業者が講ずべき表示等の管理上の措置の内容
① 景表法の考え方の周知・徹底　② 法令順守の方針等の明確化
③ 表示等に関する情報の確認　④ 表示等に関する情報の共有
⑤ 表示等の管理担当者の決定
⑥ 表示等の根拠になる情報の事後的な確認方法の確保
⑦ 不当表示等が明らかになった場合の迅速・適切な対応の整備

9 措置命令

不当表示に関して調査し、是正・排除を求める権限を持つ

消費者庁の措置命令ではどんなことを命じられるのか

景品表示法違反の過大な景品類の提供（4条）や不当表示（5条）が行われている疑いがある場合、消費者庁は、事業者から事情聴取したり、資料を収集して調査を実施します。そして、事業者が、景品表示法に違反し、商品の品質や値段について実際よりも優れているかのような不当表示や、安価であると消費者が誤解するような不当表示などをしていると判断した場合には、消費者庁は、その事業者に対して、違反行為の差止め、一般消費者に与えた誤認の排除、再発防止策の実施、今後違反行為を行わないことなどを命ずる行政処分を行うことになります。これを**措置命令**といいます。

なお、公正取引委員会にも景品表示法違反に関する調査権限はありますが、措置命令を行う権限はありません。

消費者庁の措置命令が出される場合と手続き

景品表示法の規定上は、内閣総理大臣が措置命令などの権限を行使すると規定しています。もっとも、不当表示や過大な景品類の提供を取り締まるのは、景品表示法を所管する消費者庁の役割です。そこで、消費者庁が、措置命令に関する手続きを進めて行くことになります。

景表法に違反する行為に対する措置命令の手続の流れは以下の通りです。

① 調査のきっかけとなる情報の入手

景表法違反の調査は、違反行為として疑われる情報を入手することがきっかけで始まります。違反事件の調査を始めるきっかけとなる情報をつかむことを端緒といいます。景表法に端緒についての法的な限定はありません。一般的には、一般消費者・関連事業者・関連団体からの情報提供や、職権による探知などがあります。

② 調査

景品表示法違反の行為に関する調

査のための権限·手続は、一般的な行政調査権と同じ手続によって行われるのが原則です。

調査の主体は、消費者庁から公正取引委員会に委任されていますが、消費者庁自身も調査できるとしているので、消費者庁と公正取引委員会の双方がそれぞれ、または共同して調査を行っています。

③　事前手続（弁明の機会の付与）

行政庁が不利益処分（名宛人の権利を制限し、または名宛人に義務を課する処分）を行う場合には、その処分の相手（名宛人）となるべき者の権利保護のため、事前手続として弁明の機会を付与することが必要です。措置命令も不利益処分に該当しますので、消費者庁は事業者に対し、事前に弁明の機会を付与しなければなりません。

なお、不当表示のうち優良誤認表示が疑われる事実がある場合、消費者庁は、事業者に対して、期間を定めて表示の裏付けになる合理的な根拠を示す資料の提出を求めることができます。提出ができないと、措置命令に際し事業者は不当表示を行ったとみなされます。

以上の手続きを経て、なお事業者が不当表示や過大な景品類の提供を行っていると判断した場合には、消費者庁が措置命令を行います。

措置命令に不服がある場合

措置命令の内容は、主文、事実、法令の適用、法律に基づく教示の4つの項目からなっています。

また、主文では、前述したように、次の事項が命じられることになります。

・差止命令

措置命令の手続

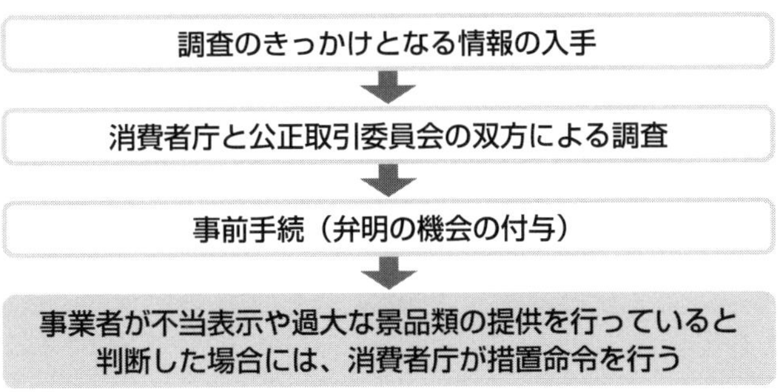
調査のきっかけとなる情報の入手
消費者庁と公正取引委員会の双方による調査
事前手続（弁明の機会の付与）
事業者が不当表示や過大な景品類の提供を行っていると判断した場合には、消費者庁が措置命令を行う

過大な景品や不当な広告などの中止

・再発防止策の実施

今後、同様の行為を行わないこと、同様な表示が行われることを防止するための必要な措置を講じ、役職員に徹底すること

・差止命令や再発防止策実施に関する公示

違反行為があった事実について、取引先への訂正通知や、一般消費者に向けて新聞広告などを行うこと

・その他必要な事項

命令に基づいて行ったことを、消費者庁長官に報告することなど

措置命令を不服として争うための手続は、行政不服審査法に基づく審査請求、または行政事件訴訟法に基づく取消しの訴え（取消訴訟）によることになります。

審査請求は、措置命令を知った日の翌日から起算して３か月以内かつ措置命令の日の翌日から起算して１年以内に、書面で消費者庁長官に対して行います。

また、訴訟によって措置命令の取消を請求する場合（取消訴訟）は、措置命令を知った日の翌日から起算して６か月以内かつ措置命令の日の翌日から起算して１年以内に、国（法務大臣）を被告として訴訟を提起します（審査請求を行った場合はその裁決が起算点となります）。

関係省庁や都道府県知事によって措置が行われることもある

措置命令については、以前は消費者庁だけが行う権限を持っていました。しかし、消費者庁のみでは、不当表示の判断等について限界があること、および、より地方主導で措置命令が行われることが適切である場合もあります。そこで、措置命令を行う権限が、関係省庁や都道府県知事に対しても付与されています。

措置命令を不服として争うための手続

審査請求は書面で消費者庁長官に対して行う

措置命令を知った日の翌日から起算して３か月以内かつ措置命令の日の翌日から起算して１年以内に行う

訴訟によって措置命令の取消を請求する場合

措置命令を知った日の翌日から起算して６か月以内かつ措置命令の日の翌日から起算して１年以内に、国（法務大臣）を被告として取消訴訟を提起

10 課徴金制度

不当表示に対する経済的な制裁制度

どんな制度なのか

かつて、不当表示等に対する強制的な措置としては、消費者庁を中心に、違反行為の差止めや再発防止のための措置を求める行政処分である措置命令が行われるのみでした。ところが、大規模な事業者による食品偽装事例が相次ぎ、消費者の利益が侵害される程度が著しいことから、より積極的に不当表示等に対する対策が必要になりました。そこで、**課徴金制度**が創設され、不当表示の歯止めになることが期待されています。

では、どんな場合に課徴金が課されるのでしょうか。景品表示法が規制する不当表示には、①優良誤認表示、②有利誤認表示、③その他誤認されるおそれがあるとして指定される不当表示の３種類があります。これらのうち、課徴金制度の対象になる不当表示は、①優良誤認表示が行われた場合と②有利誤認表示が行われた場合に限定されています。

また、消費者庁が、事業者が提供する商品等の内容について、優良誤認表示に該当するかどうかを判断するために必要があると考える場合に、事業者に対して、優良誤認表示にあたらないことについて合理的な根拠資料の提出を求めることができます。この場合、事業者がそのような資料を提出できないときには、実際には商品等に関する優良誤認表示が存在しない場合であっても、その表示が優良誤認表示に該当すると推定され、課徴金が課せられる対象になります。

もっとも、事業者が景表法が定める課徴金対象行為をしたということを知らず、かつ、知らないことについて相当の注意を怠った者でないと認められるときは、課徴金納付命令を出すことができません。逆にいうと、課徴金対象行為をしたことを知っていた事業者と、相当の注意を怠ったために知らなかった事業者が、課徴金納付命令の対象です（主観的要件）。

課徴金額の決定

以上の要件を満たしたときに、消

費者庁は、事業者に対して課徴金納付命令を行います。このとき、納付を命じる課徴金の金額は、次のような基準で決定されます。

課徴金が課せられる基礎になる、不当表示の期間に関しては、原則として、対象になる不当表示を行った期間、および、当該表示を止めてから６か月以内の取引が対象期間になります。もっとも、不当表示の期間がさかのぼって３年を超える場合には、３年を超える期間が計算対象になることはありません。

また、課徴金額は、対象になる不当表示の影響を受けて、事業者が得た売上額の３％になります。具体的には、前述の課徴金対象期間に当該不当表示を行った商品・サービス等の売上金額の３％が課徴金として課されることになります。

課徴金が減額される場合もある

事業者が、課徴金制度の対象になる不当表示について、違反行為を行ったことを自主申告した場合には、課徴金額が減額される制度が設けられています。具体的に減額される金額は、課される課徴金の２分の１の金額です。

また、事業者が、顧客に対して不当表示により得た利益について、自主的に返金を行った場合には、その返金額に応じて課徴金の減額または免除を受けることも可能です。

課徴金納付命令の流れ

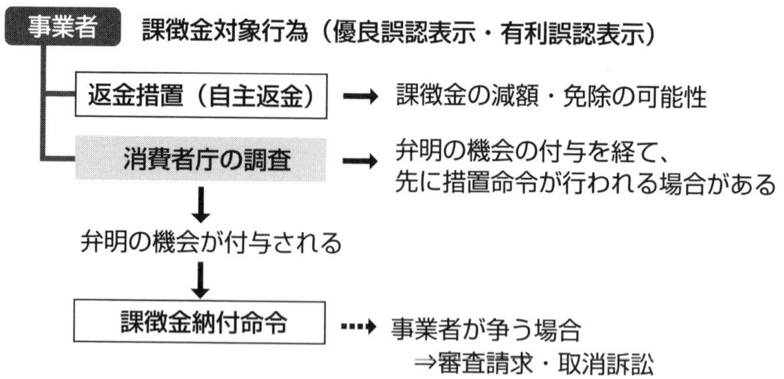

11 問題が発生したときどんな対応をとるべきか

日頃から対応方法を知り、対策を講じる

実際に問題が起きたらどうする

不当表示（不当景品）案件が発生した場合の、行うべき対応の一般的な流れを見ておきましょう。

①　事件発覚
②　調査・原因の究明
③　対応方針の検討、決定
④　対応体制の確立
⑤　公式見解の検討、作成
⑥　対策の実施
⑦　信頼回復策の企画、実施
⑧　長期的企業イメージ回復策の検討、着手（実施）

次に、⑥の「対策の実施」について、具体的な対策を見ていきます。実施を検討すべき具体的な対策には、下図のものがあります。

どんな場合に違反が発覚するのか

不当表示などの景表法違反が判明する端緒には、大きく分けて、次の２つが考えられます。

①　内部通報や、内部監査などの社内調査の過程から発覚するなど企業自身の内部から発覚するケース
②　消費者庁、公正取引委員会や都道府県などの行政機関、およびマスメディアなど外部から発覚するケース

外部から発覚したという場合でも、その元をたどれば、企業内の人間が、外部である監督官庁やマスメディアに告発したものが多いと予想されます。特に、「公益通報者保護法」が2004年に施行されてからは、その傾向はいっそう強くなっています。

調査の対象にされたら

消費者庁は、調査の必要があると認めたときには、違反が疑われる事実が存在するかどうかの調査を行います。こうした調査は、通常、行政庁では、相手方が協力してくれる場合は、任意的に進め、多くの事件もこのやり方で処理されています。

しかし、違反事件の調査では、相手方の充分な協力が期待できないことが多いので、景表法では、違反行為があるとき、必要な措置を命じることができるようにするために、消

費者庁（委任を受けている公正取引委員会や都道府県知事を含む）に次の権限が与えられています。

・事件関係者から報告させること（報告の徴収）
・帳簿書類その他の物件の提出を命じること
・事件関係者の事務所・事業所など必要な場所に立ち入り、帳簿書類などの物件を検査し、関係者に質問すること（立入調査）

景表法に基づく調査は、相手方が従わない場合には、罰則によって間接的に履行を担保されることになっています。調査を拒否・妨害などをした者には、1年以下の懲役または300万円以下の罰金が科せられます。

消費者庁などの調査対象とされた場合には、直ちに対応策を取る必要があります。危機管理委員会などの組織がすでに社内に設置されていれば、その組織を中心に対応を開始すべきでしょう。そうした組織が整備されていない場合には、社長をトップに据えたプロジェクトチームを立ち上げることが望ましいでしょう。提出資料・回答内容によっては、詐欺罪・不正競争防止法違反などの証拠とされる可能性もあるので、対応については弁護士のアドバイスを得ながら行う必要があります。

不実証広告規制の資料の提出を求められたら

消費者庁長官は、優良誤認表示に該当するか否かを判断する必要がある場合には、期間を定めて、事業者に対して表示の裏付けとなる合理的な根拠を示す資料の提出を求めることができます。

① 期限の厳守

景表法7条2項に基づき求められる措置命令に係る資料の提出期限は、前述した通り、資料提出を求める文書が送達された日から15日後です。時間はきわめて限られています。そのような資料が事前に準備できていない場合には、即座に準備を開始しなければなりません。

提出期限の延長は、自然災害など不可抗力以外は認められないと考えておいた方がよいでしょう。また、期限内に提出できる資料だけを期限内に出し、期限後に追加資料を出すというやり方も理屈の上ではあるでしょう。しかし、消費者庁は、たとえ期限後に提出した資料が合理的なものであっても、措置命令の執行は免れない、という姿勢を保っています。したがって、期限内にできる限りの資料を提出するべく最大限の力を注ぐことが大事だといえます。

② 資料内容

景表法７条２項に関しては、「不当景品類及び不当表示防止法第７条第２項の運用指針」というガイドラインが作られています。したがって、求められている資料は、このガイドラインに示された次の２つの要件を満たすものでなければなりません。

・提出資料が客観的に実証された内容のものであること
・表示された効果・性能と提出資料によって実証された内容が適切に対応していること

まず、「客観的に実証された内容のもの」とは、次のどちらかに該当するものとされています。

・試験・調査によって得られた結果
・専門家・専門家団体・専門機関の見解または学術文献

さらに、ガイドラインでは、これら試験・調査および専門家などの見解・学術文献のそれぞれについて、厳しい基準を設けていますので、一度、目を通しておく必要があるでしょう。

次に、「表示された効果・性能と提出資料によって実証された内容が適切に対応していること」とは、資料それ自体が客観的に実証されたものであることに加え、「表示された効果・性能」が資料によって実証された内容と適切に対応していなければならない、ということを意味します。

事件対応の点で特に考慮しなければならないのは、不当表示などの景

実施を検討すべき具体的な対策

対　策	具体的内容
マスメディア対策	マスメディア対応の一元化・プレスリリース作成・記者会見（記者発表）・報道の分析など
消費者対策	広告（広告物）の中止（回収）・ホームページなどの当該表示の削除・謹告（お詫び広告）
商品の回収	回収窓口設置・対応マニュアルの作成・対応要員の配置（訓練）
官公庁対策	調査対応・状況説明（報告）
取引先対策	状況説明（報告）・社名での文書配布
消費者団体対策	状況説明（報告）
業界(団体)対策	状況説明（報告）
社内対策	トップからのメッセージ（文書）

表法違反の疑いで消費者庁から資料の提出を求められた場合（不実証広告規制）に、提出期限は15日後であるため、資料提出までの時間的猶予があまりないという点です。

そのため、実際には不当表示とはいえない場合であっても、企業が求められた資料を期限内に提出できないときには、当該表示は不当表示とみなされ、措置命令が発令され、企業活動に多大な打撃を与えるおそれがあります。

そこで企業側としては、違反していないことを説明できる資料を、常日頃から、さらに言えば、商品（サービス）開発の段階から準備しておくことが望ましいといえるでしょう。

措置命令への対応や指示に至らない行政指導

景表法に違反する行為があると認定した場合であっても、消費者庁が必ずしも「措置命令」を発令するとは限りません。景表法に違反するおそれのある行為を行った事業者に対しては、「指導および助言」が行政指導として行われる場合もあります。

行政指導は法的効力を有するものではありませんが、マスメディアなどで報道されることも考慮の上、真摯に対応することが望まれます。ただし、行政指導そのものが不当なものであれば、行政指導の趣旨などを記載した書面の交付を求め、その不当性をあくまでも立証していく必要があるでしょう。

最近の措置命令においては、景表法違反事業者に対しては、ほとんどの場合、次の３つの事項が命じられています。

① **表示が、優良誤認表示・有利誤認表示に該当するものであること**

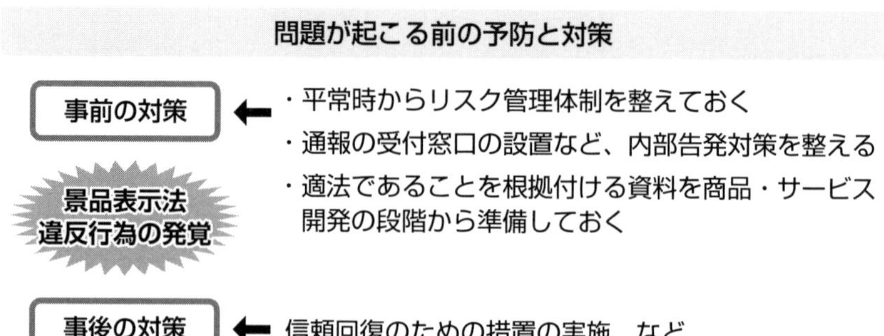

問題が起こる前の予防と対策
事前の対策
・平常時からリスク管理体制を整えておく
・通報の受付窓口の設置など、内部告発対策を整える
・適法であることを根拠付ける資料を商品・サービス開発の段階から準備しておく
景品表示法違反行為の発覚
事後の対策
信頼回復のための措置の実施　など

を一般消費者へ周知徹底すること

この周知徹底の方法は、具体的には、不当表示が行われた地域で発行されている新聞に広告を掲載することによって行うことになります。また、掲載が終わったのであれば、速やかに消費者庁長官に書面で報告を行うことも、通例、命令に盛り込まれています。

② 再発防止策を講じて、役員・従業員に周知徹底すること

具体的に再発防止策の内容がいかなるものであるかについては、消費者庁からは明示されないことがほとんどですが、明示された場合にはそれに従うことになります。

特に、景表法違反に社長・取締役などが直接絡んでいたり、会社ぐるみであることが疑われる場合には、中立性確保のために、弁護士などの外部の第三者を交えた調査委員会を発足させて調査を行うことが望ましいでしょう。

③ 今後、同様の表示を行わないこと

当然のことですが、違反行為が続いている場合には、直ちにやめなければなりません。具体的な対策については、広告の中止・広告物の回収・ホームページなどの当該表示の削除、そして場合によっては商品の回収まで行う必要があるでしょう。

措置命令に不服がある場合

措置命令に不服がある場合、措置命令に対する不服申立てとして、まず行政不服審査法に基づき消費者庁長官を相手に「審査請求」を行うことが挙げられます。審査請求は正当

措置命令への対策

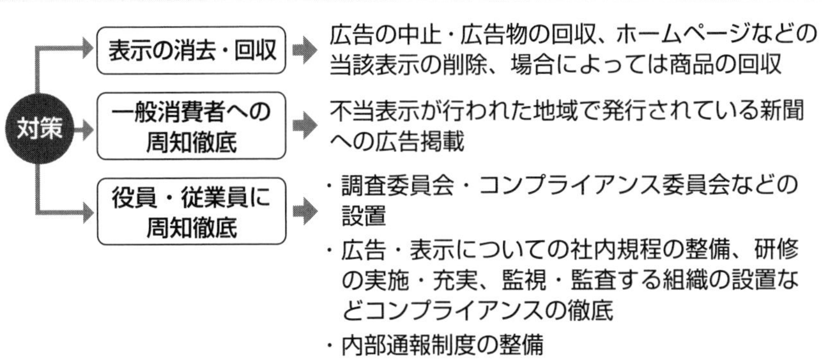

対策
表示の消去・回収
広告の中止・広告物の回収、ホームページなどの当該表示の削除、場合によっては商品の回収
一般消費者への周知徹底
不当表示が行われた地域で発行されている新聞への広告掲載
役員・従業員に周知徹底
・調査委員会・コンプライアンス委員会などの設置
・広告・表示についての社内規程の整備、研修の実施・充実、監視・監査する組織の設置などコンプライアンスの徹底
・内部通報制度の整備

な理由がある場合を除いては、原則として、措置命令を受けたことを知った日の翌日から起算して３か月以内に請求をしなければなりません。

審査請求は、行政庁（消費者庁長官）自身に対して、行った違法・不当な措置命令を再考する余地を与える制度ですので、事業者にとって利用しやすい制度です。

審査請求によっても救済されない事業者としては、不服を訴える手段として行政事件訴訟法に基づく「取消訴訟」を提起することが可能です。審査請求に関する裁決に不服がある事業者は、正当な理由がある場合を除き、審査請求に関する裁決を受けたことを知った日から６か月以内に、地方裁判所に対して取消訴訟を提起しなければなりません。

なお、取消訴訟は、審査請求を経ずに直接提起することも可能ですが、その場合は、原則として措置命令があったことを知った日から６か月以内に、措置命令の取消しの訴えを提起しなければなりません。

消費者団体訴訟への対応

消費者契約法により認定を受けた「適格消費者団体」は、不当表示のうちの優良誤認表示・有利誤認表示（「指定表示」は対象外）の差止めなどを請求する訴訟（消費者団体訴訟）を提起することができます。

ただし、消費者団体訴訟を提起するときは、被告となるべき事業者に対し、あらかじめ、請求の要旨・紛争の要点などを記載した書面により差止請求をしなければなりません。その上、その事業者が差止請求を拒んだ場合を除き、その書面が到達した時から１週間を経過した後でなければ、消費者団体訴訟を提起することができません。

したがって、消費者団体訴訟は、ある日突然提起されるということはなく、必ず事前の動きがあります。事前の交渉段階で、消費者団体の指摘が当然である場合はそれを受け入れ、事業者自ら表示の中止を申し出ることにより交渉が妥結することもあります。また、交渉が妥結にまで至らなかった場合でも、表示の中止に適切に踏み切ることによって、消費者団体の請求が裁判所に認められる要件である「現に行いまたは行うおそれがある」状態を解消することにつながる可能性もあります。冷静に対応することが大事だといえるでしょう。

第6章

消費者を保護する
その他の法律

1 消費者安全法

消費者庁の権限や各機関の役割や義務などを規定する

どんな法律なのか

消費者安全法は、消費者が消費生活における被害（消費者事故等）を受けることなく、安全で豊かな消費生活を送ることができる社会の構築を目的として制定された法律です。

消費者安全法では、消費者安全を確保するため、内閣総理大臣（もしくは内閣総理大臣から委任を受けた消費者庁や都道府県など）に必要な権限を与えると共に、関係行政機関、地方公共団体、国民生活センター、消費生活センターなどの役割や義務などを定めています。

たとえば、①消費者が問題を抱えたときに相談しやすい環境を作るために都道府県が消費生活センターを設置する、②国や地方公共団体が消費者教育の推進等を通じて消費者安全の確保を図る、③消費者事故等の情報を内閣総理大臣が一元的に集約・分析する、④官庁の垣根を超えて迅速な対応ができるように内閣総理大臣に法的措置の実施を要求する権限を与える、などが挙げられます。

消費者庁・消費者安全調査委員会

消費者安全法に基づき、内閣総理大臣の委任を受け、実際に消費者安全法を運用する役割を果たすのが消費者庁です（勧告・命令といった事業者などに対する権限行使は「消費者庁長官」の名で行います）。その他、生命や身体の侵害に関する消費者事故等の原因調査や情報提供については、消費者庁に設置されている消費者安全調査委員会が行います。

消費者事故防止に向けた取組み

消費者を保護する法律として、消費者安全法以外にも、消費者契約法や特定商取引法などがあります。

ただ、消費者契約法は消費者と事業者が契約をする際のルールを定めた法律であり、ルール違反をした事業者を処罰することを目的としているわけではありません。特定商取引法は違反事業者に対する罰則を定めていますが、適用対象となる取引を限定しており、すべての取引に特定商取引法が適用されるわけではありません。

消費者安全法は、このような他の法令が適用されない消費者事故等に関する取引など（すきま事案）に対応することを狙いとしています。たとえば、消費者庁（消費者庁長官）は、消費者への重大被害の発生または拡大防止を図るため、他の法令に基づく措置がない場合は、事業者に対して、必要な措置を講ずるよう勧告を行い、従わないときは勧告に係る措置を講ずるよう命令ができます。

さらに、平成28年4月以降、地方公共団体において、①消費者からの苦情に係る相談・あっせんなどを行う者として消費生活センターに消費生活相談員を配置する、②消費生活上特に配慮を要する人（高齢者など）の見守りなどを行う機関として消費者安全確保地域協議会を任意に設置する、③消費者の利益擁護などを行う機関・個人として消費生活協力団体や消費生活相談員を任意に委嘱する、といった取組みが実施されています（下図）。

消費者事故等に関する情報集約

消費者安全法では、消費者事故等が発生した場合、その情報を内閣総理大臣（実際には委任先である消費者庁）に通知することを、行政機関の長、都道府県知事、市町村長、国民生活センターの長などに義務付けています。

消費者庁は、各機関から集約された情報を分析し、①結果を関係機関に通知する、②必要に応じて一般に公表する、③消費者への注意喚起を促す、などの措置を行います。

地方公共団体における消費者行政の連携

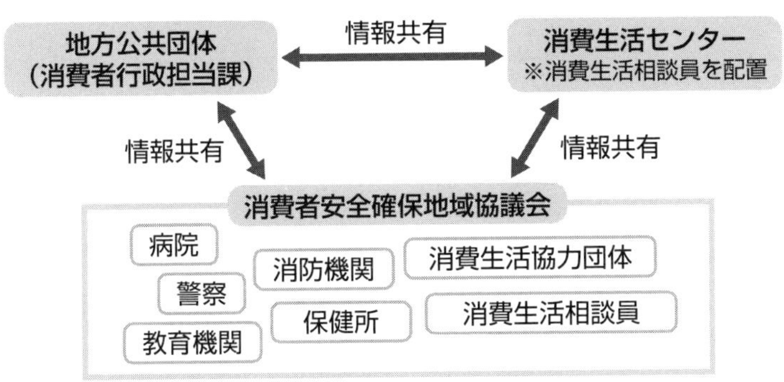

2 リコール

製品欠陥が見つかった場合に全消費者を対象に行われる

リコールとは

製品の欠陥が原因となって事故が発生することがあります。**リコール**とは、このような事故が起こった場合（もしくは起こるおそれがある場合）できる限り新たな事故の発生を阻止するために、企業がすべての消費者に対して行う行動をいいます。具体的には、①消費者への注意喚起、②製品の回収、③製品の無償交換・修理・安全確認・引き取り、④製品の販売中止などの一連の行動すべてを指します。リコールというと、②以降の行動を思い浮かべることが多いと思いますが、①も含まれます。

なぜリコールをしなければならないのか

リコールの実施は、法律や命令（政令や省令など）で義務として定められています。製品が消費者を対象に非常に広範囲に販売されるような場合、欠陥が原因で事故が１件でも起こると、その事故は製品の購入者全員に起こる可能性があります。消費者１人ひとりの安心・安全な社会生活を脅かす事態は最小限にしなければならないのは当然といえるでしょう。企業だけでなく国や地方公共団体も消費者保護の視点で行動することが求められます。

第一に考えなければならないのは、消費者の生命・身体・財産の安全です。被害者を１人でも少なくする努力が何よりも大切です。また、企業にとっても、そうした行動を取らなければ、長い年月をかけて築いてきた消費者からの信頼を一挙に失ってしまうことにもなりかねません。そのため、最近はリコールに前向きに取り組む企業が多くなっています。

実施者は誰か

リコールを実施するのは、製品の安全に責任を持たなければならない者です。具体的には、「最終製品の製造者」が該当します。欠陥が特定の部品にあることがわかっても、リコールの義務を負うのはあくまでも最終製品の製造者です。また、輸入品の場合、輸入業者にも責任が負わされています。

OEM生産（相手先ブランドによる生産）やPB（プライベート・ブランド）製品は、販売業者や流通業者がリコールを実施する場合があります。この場合は、生産委託の契約時に契約書に明記される事項に基づきます。それ以外の販売業者や流通業者にはリコールの責任はありませんが、消費者に最も近い立場にあるのも確かですので、消費者からリコールのおそれのある情報を得た場合は、リコールの実施責任のある業者に知らせることが必要です。

現在は、これらの情報を独立行政法人・製品評価技術基盤機構（NITE）にも通知するよう経済産業省が定めています。ただし、生命・身体に関わる事項などの情報は、後述する消費生活用製品安全法に基づき、消費者庁に報告しなければなりません。

原因がわからない場合の対処法

製品の欠陥による事故が発生した可能性が少しでもある場合

●**リコール準備**

ポイント
迅速に対応する

●**途中経過の報告**

ポイント
全購入者への連絡手段がない場合はマスメディアやSNSなどを利用する

●**リコール実施**

ポイント
行政機関への報告と共に消費者への報告も行う
事故発生の可能性が限りなくゼロになったと認められるまで行う

●**リコール終了**

▼**原因解明の調査開始**

ポイント
その段階で判明している事実についてはリコール対策部門に情報提供を行う
リコールの実施と共に消費者から入ってくる情報も調査の材料に加える

▼**原因の一部解明**

▼**明らかになったことを公表**

ポイント
その時点で公表できるほどの信憑性のある事実を解明したら速やかに公表する
リコールの計画に修正が必要な場合には修正する

▼**原因の解明が終わったら迅速に公表する**

リコールはどのように行うのか

まず、「製品の安全性に疑いがある場合」は、速やかにリコールに着手するのが原則です。製品の欠陥による事故が発生した可能性が少しでもある場合、原因調査を進めながら、集まった情報を正確に分析し、的確なリコールを実施していかなければなりません。リコールに何より求められるのは迅速性です。

一方、原因が究明されなければ最終的な対応も取りにくいという難しさもあります。そのため、リコールにはいろいろな段階が設けられています。どの行動を取るかも非常に判断の難しいところですが、スタンスとしては想定される最悪のケースを前提とすることです。消費者の立場になって考えれば、リコールは多少過剰と思われる対応になってもやむを得ないといえます。そうした行動自体が、失われかけた消費者からの信頼を回復させることにつながるからです。また、消費者庁から公表されている「リコール促進の共通指針—消費者の視点から望まれる迅速・的確なリコールのあり方—」など、国の示した指針などを参考にするのもよいでしょう。なお、この指針はリコールの方法を決める目安を以下のように規定しています。

① 死亡、重篤ないし不可逆的な被害の発生、もしくはそのおそれがある場合には、特に速やかに開始の判断を行い、消費者に危険性を緊急に知らせ、使用の中止や廃棄を呼びかけ、消費者の手元からの引き取り・交換などを行う。

② 軽度、治癒可能な被害の発生、またはそのおそれのある場合には、拡大可能性・多発性・特異性などの要素も考慮し、速やかに開始の判断を行い、消費者に情報を提供し、流通・販売段階から製品を収去し、修理･点検･部品交換を行う。

判断する際に必要な基準とは

消費者保護の観点からは、リコールは過剰に行うぐらいの姿勢が望ましいのですが、コストをかけ過ぎるのも極力避けたいところです。そういった経営者の悩みに応えるため、国は判断基準の指針（経済産業省や内閣府国民生活局の指針）を提示しています。これらの指針によれば、リコールを実施するか否かのおもな判断基準は、①被害の質や重大性が高いか、②同じような事故が多発しているか、③事故原因が製品の欠陥以外のものであることが明白か、の３点とされています。

3 消費生活用製品安全法

消費生活用製品の重大事故は消費者に公表される

どんな法律なのか

扇風機や換気扇による発火事故、石油ファンヒーターや石油ストーブによる火災事故や一酸化炭素中毒事故など、消費者が日常的に使用している製品（消費生活用製品）のけ経年劣化などが原因で、生命や身体に危害が及ぶ事故の被害に遭うことがあります。

消費生活用製品安全法は、このような事故を防止することを目的として制定された法律で、具体的には次のような規定が設けられています。

特定製品の製造・輸入・販売に関する規制（PSCマークなど）

消費生活用製品のうち、構造・材質・使用状況などから見て、消費者の生命や身体に対して特に危害を及ぼすおそれが多いものを「特定製品」と定義しています。たとえば、家庭用圧力なべ、乗車用ヘルメット、石油ストーブなどが特定製品にあたります。

その上で、特定製品の製造、輸入を行う事業者に対して事業の届出を求めたています。そして、この届出をした事業者に限り、特定製品に**PSCマーク**（国が定めた技術上の基準を満たすことを示すマーク）を付けることを可能とし、かつ、PSCマークを付した特定製品に限り、これを販売したり、販売目的で陳列したりすることができるなどの規制を設けています。

その他、主務大臣（おもに経済産業大臣）は、立入検査などの必要な措置を講じる他、PSCマークのない特定製品や技術上の基準に適合しない特定製品を販売した場合で、消費者への危害の発生や拡大を防止するために必要があるときは、事業者に商品の回収などの対応を命じることができる（危害防止命令）としています。

製品事故情報の報告・公表

消費生活用製品安全法では、消費者の生命や身体に対する危害が発生した事故や、消費生活用製品が滅失・毀損した事故であって消費者の生命や身体に危害が及ぶおそれのあるものを「製品事故」と定義しています。

その中でも、死亡事故、一酸化炭素中毒事故、火災など、特に発生する危害が重大である製品事故を「重大製品事故」と定義しています。

そして、消費生活用製品の製造・輸入をする事業者に対しては、重大製品事故の発生を知ったときから10日以内に、当該製品の名称・型式、事故内容、当該製品の製造・輸入・販売の数量などを消費者庁に報告するよう義務付けています。

また、報告を受けるなどして製品重大事故を知った場合において、消費者に対する重大な危害の発生や拡大を防止するために必要があると認められるときは、製品の名称・型式、事故の内容などが公表されます。

特定保守製品の点検その他の保守に関する情報提供や体制の整備

消費生活用製品の中でも、長期間使用することによって部品などが劣化し、消費者の生命や身体に危害を及ぼすおそれが高い製品は「特定保守製品」に指定されています。

消費生活用製品安全法に基づき、特定保守製品を製造・輸入する事業者は保守体制の整備と情報提供を、販売をする事業者は引渡し時の説明と情報提供を行います。さらに、特定保守製品については、所有者に対しても保守情報の収集や保守に努めることが求められています。

なお、事故率の減少から、令和3年（2021年）8月より、石油給湯機、石油ふろがまを除いて、特定保守製品の指定から外されています。

PSCマークと特定製品

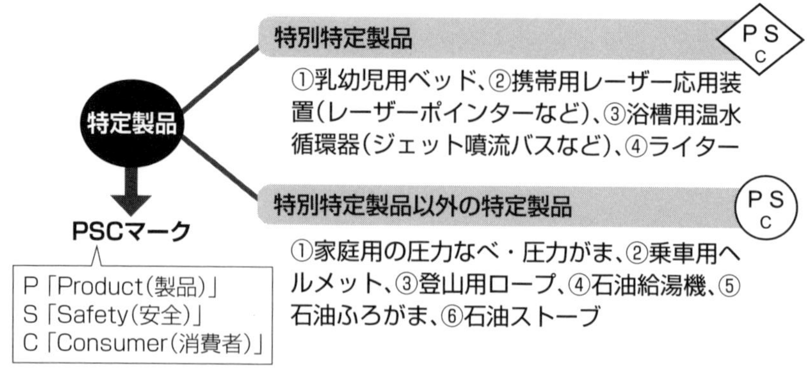

特定製品
特別特定製品
PSC
①乳幼児用ベッド、②携帯用レーザー応用装置（レーザーポインターなど）、③浴槽用温水循環器（ジェット噴流バスなど）、④ライター
特別特定製品以外の特定製品
PSC
①家庭用の圧力なべ・圧力がま、②乗車用ヘルメット、③登山用ロープ、④石油給湯機、⑤石油ふろがま、⑥石油ストーブ
PSCマーク
P「Product（製品）」
S「Safety（安全）」
C「Consumer（消費者）」

4 製造物責任法

製造物が原因となって発生したトラブルを解決する

どんな法律なのか

製造物責任法は、製造物の欠陥により人の生命、身体または財産に被害が生じた場合における、製造業者等の損害賠償責任（製造物責任）の要件などについて規定する法律です。

たとえば、テレビのスイッチ部分に欠陥があったため、スイッチを入れたらテレビが発火し、自宅の一部が焼損した場合、テレビを製造したメーカーに責任追及をするには、どうしたらよいでしょうか。

この場合、民法が規定する不法行為に基づく損害賠償責任を追及するのが一般的です。しかし、この責任を追及をするには、被害者側（ユーザー）が、加害者側（メーカー）の故意または過失、さらにはスイッチの欠陥と損害との間の因果関係を立証しなければなりません。しかし、これらの立証は容易ではなく、被害者側の負担が重すぎるという問題があります。

そこで、製造物の欠陥による被害者を救済するため、製造業者等に対する損害賠償責任を追及しやすくしたのが製造物責任法です。

製造業者等とは

製造物責任法に基づいて製造物責任を負う事業者のことを製造業者等といいます。製造メーカー（製造業者）は、製造業者等に該当する事業者の代表例といえるでしょう。

しかし、製造メーカーだけではなく、加工業者、輸入業者、表示製造業者（製造業者と誤認させる表示をした業者）なども製造業者等に含まれます。

製品の「欠陥」とは

製造物責任法でいう「欠陥」とは、製造物の特性、通常予見される使用形態、製造物の引渡時期など、製造物に関するさまざまな事情を考慮して、製造物が通常有するべき安全性を欠いていた状態を指します。

具体的には、「設計ミスで熱に弱い部品を使用していた」（設計上の欠陥）、「指示とは違う部品を使用して組み立てていた」（製造上の欠陥）

だけではなく、「上下逆にして置いたら破裂する危険性があるのに、それを注意書きしていなかった」など、取扱上の注意点の表示に不備があること（指示・警告上の欠陥）も欠陥として扱われます。

したがって、製造業者等が「こんな使い方はしないだろう」「こんなことは書かなくてもわかるだろう」と思うようなことでも、製造物の欠陥として認定され、被害者に対し損害賠償責任を負う可能性があるということです。

被害者が立証すること

製造物責任を追及する際に、被害者が立証するのは、製造物に欠陥があった点だけです。

前述した事例でいえば、テレビのスイッチが通常の使用において発火するということは、そのテレビが通常有するべき安全性を欠いているといえますので、テレビに「欠陥」があるということができます。

これに対し、製造業者等が製造物責任を免れるためには、製造物に欠陥がなかったこと、または製造物の引渡し時の科学技術に関する知見では欠陥の存在を認識できなかったことなどの免責事由を立証する必要があります。

したがって、製造業者等が欠陥の不存在もしくは免責事由を立証できなければ、被害者に対し製造物責任を負うことになります。製造物責任については、民法の不法行為と比べて被害者の立証の負担が軽減されているため、製造物責任法の方が製造業者等の責任を追及しやすいのです。

製造物責任法の「欠陥」の意味

設計上の欠陥	（例）テレビ内部の熱源付近に、熱に弱い材質部品をあつらえ、これが溶けて破損、ショートして火災を起こした場合
製造上の欠陥	（例）自動車組立の際に、指示とは違う部品を用いたため、ブレーキに異常が生じて使用不能になるなどの事故が起こった場合
指示・警告上の欠陥	（例）ある洗剤を他の洗剤と併用して使うと、有毒ガスが発生して目やのどを痛めることがあるのに、その指示・警告の表示を怠ったために事故が発生した場合

5 個人情報保護法

個人情報などの取扱いには制限がある

個人情報保護制度の一本化

従来、個人情報の保護に関する法律として、①民間事業者を対象とする個人情報保護法、②国の行政機関を対象とする行政機関個人情報保護法、③独立行政法人を対象とする独立行政法人個人情報保護法がありました。これに加えて、地方公共団体（都道府県・市区町村）は、それぞれで個人情報保護条例を設けていました。

個人情報保護制度は、単に個人情報の流出などから個人の権利利益を保護するだけでなく、新産業の創出や経済の活性化などのために個人情報を利活用することも考慮しています。現在では社会全体のデジタル化（デジタル社会）に対応した個人情報保護とデータ流通の両立が要請されますが、団体ごとの個人情報保護制度が異なれば、特にデータ流通で支障が生じます。

そこで、令和３年に上記の①～③の法律を「個人情報保護法」に一本化すると共に、地方公共団体を個人情報保護法の適用対象に追加しました。したがって、民間事業者から見れば、個人情報保護法の枠組みが基本的に維持されますので（条文番号が変わる規定はあります）、個人情報保護制度に関しては、今までどおり個人情報保護法の改正に留意していけばよいことになります。本書においては、個人情報保護法を理解するために必要となる用語の定義を中心に説明していきます。

ガイドラインに基づく運用

個人情報保護法では、個人情報の取扱いなどについて、事業分野ごとに各省庁がガイドラインを策定して監督するのではなく、個人情報保護委員会がすべての事業分野に関する個人情報の取扱いなどを監督するしくみを採用しています。このようなしくみは、平成27年（2015年）成立の個人情報保護法改正で導入されたものです。

具体的には、個人情報保護委員会が策定した個人情報保護法についてのガイドラインが汎用的なものと位置付けられ、おもに「通則編」「外国にある第三者への提供編」「第三者提供時の確認・記録義務編」「仮名加工情報・匿名加工情報編」で構成されています。

従来は、個人情報護法の適用対象である民間事業者のみがガイドラインの対象でしたが、前述した令和3年成立の改正に伴い、国の行政機関、独立行政法人、地方公共団体もガイドラインの対象に追加されます。これにより、個人情報保護制度に関しては、個人情報保護委員会が統一的に監督をしていくことになります。

個人情報とは

個人情報保護法における個人情報とは、①または②のどちらかに該当するものを指します。なお、死者に関する情報が個人情報に含まれない点では共通しています。

① **1号個人情報**

生存する個人に関する情報で、特定の個人を識別できるもの（他の情報と容易に照合できて特定の個人を識別できるものを含む）が個人情報に該当します。

ここで「特定の個人を識別できるもの」には、氏名、生年月日をはじめ、勤務先、役職、財産状況、身体的特徴などのさまざまな情報が含まれます。

② **2号個人情報**

平成27年成立の個人情報保護法改正で導入されました。生存する個人に関する情報で、個人識別符号が含まれるものが個人情報に該当します。

ここで「個人識別符号」には、①顔・指紋・DNA配列・虹彩などの身体的特徴をデジタル化した生体認識情報、②個人ごとに異なるよう定められた番号・文字などの符号で、特定の個人を識別できるもの（マイナンバー、運転免許証番号など）が含まれます。

要配慮個人情報とは

要配慮個人情報とは、本人の人種、信条、社会的身分、病歴、前科（犯罪の経歴）、犯罪被害歴など、本人に不当な差別や偏見が生じないようにその取扱いに特に配慮を要する個人情報を指します。平成27年成立の個人情報保護法改正で導入されました。前述した1号個人情報・2号個人情報のどちらも要配慮個人情報に該当することがあります。また、要配慮個人情報の取得には、原則として本人の同意を要するなど、要配慮個人情報はその保護が特に重視されます。

個人データ・保有個人データとは

個人情報保護法では、個人情報の中に「個人データ」「保有個人データ」という区分を設けて、それぞれの取扱いについて規定しています。

① **個人データ**

個人情報データベース等を構成する個人情報のことを指します。

ここで「個人情報データベース等」とは、個人情報を含めたさまざまな情報を容易に検索できるような形に構成したものを指します。パソコンなどで使用するために作成されたデータベースに加えて、検索しやすいようにファイリングされた名刺ホルダーや医療用カルテなどの紙媒体のものも含まれます。そして、これらの中に含まれる個人情報が「個人データ」となります。

② **保有個人データ**

個人データの中で、個人情報取扱事業者が、開示、内容の訂正・追加・削除、利用停止、消去、第三者への提供の停止を行うことのできる権限を有するものを指します。

従来は、6か月以内に消去するもの（短期保存データ）は、保有個人データに含めていませんでした。しかし、令和2年（2020年）成立の個人情報保護法改正で、短期保存データも保有個人データに含めることにして、前述した開示などの対象としています。

個人情報に関連する用語の定義

個人情報

①生存する個人に関する情報で、特定の個人を識別できるもの（他の情報と容易に照合できて特定の個人を識別できるものを含む）
②生存する個人に関する情報で、個人識別符号が含まれるもの
（①②の中で、人種・信条・社会的身分・病歴・前科・犯罪被害歴など、本人に対する不当な差別・偏見などの不利益が生じないようにその取扱いに特に配慮を要するものを「要配慮個人情報」という）

個人データ

個人情報データベース等を構成する個々の個人情報

保有個人データ

個人情報取扱業者が、開示、内容の訂正・追加・削除、利用停止、消去、第三者提供の停止を行える権限をもつ個人データ

個人情報取扱事業者とは

個人情報取扱事業者とは、個人情報データベース等を事業の用に供している者です。ここでの「事業」には、営利事業も非営利事業も含まれ、規模の大きさも問われません。ただし、国の機関、独立行政法人、地方公共団体は個人情報取扱事業者に含まれません。

平成27年成立の個人情報保護法改正で、１件でも個人情報を保有する民間事業者は、個人情報データベース等を事業に利用している限り、個人情報取扱事業者に該当します。

匿名加工情報と仮名加工情報とは

匿名加工情報は平成27年成立の改正で、仮名加工情報は令和２年成立の改正で、それぞれ導入されました。これらの情報は、個人情報の利活用に重点を置いたものです。

なお、生存する個人に関する情報のうち、個人情報、匿名加工情報、仮名加工情報のいずれにも該当しない個人に関する情報は「個人関連情報」と定義されています。

① **匿名加工情報**

特定の個人を識別できないように個人情報を加工して得られた個人に関する情報で、当該個人情報を復元できないようにしたものを指します。匿名化した情報をビッグデータとして自社で活用したり、第三者に提供して利益を得たりして、積極的に利活用したいというビジネスニーズに対応することを趣旨とするものです。

そして、個人情報の加工の方法については、ⓐ元の個人情報に含まれる個人識別符号の全部もしくは記述などの一部を削除する方法か、ⓑ復元可能な規則性を有しない方法により、元の個人情報に含まれる個人識別符号の全部もしくは記述などの一部を他の記述などに置き換える方法、のいずれかによることが要求されています。

なお、「当該個人情報を復元できない状態」とは、あらゆる技術・手法によっても復元ができない程度まで復元の防止を徹底する趣旨ではなく、少なくとも一般的な事業者の能力や手法などを基準に通常の方法で復元できない状態にすれば十分とされています。

また、匿名加工情報を取り扱う事業者を匿名加工情報取扱事業者といい、匿名加工情報を含めたさまざまな情報を容易に検索できるような形に構成したもの匿名加工情報データベース等という点は、個人情報や仮名加工情報と類似しています。

② **仮名加工情報**

他の情報と照合しない限り特定の個人を識別できないように個人情報を加工して得られる個人に関する情報を指します。仮名加工情報は、安全管理措置の一環として、自社の内部で個人情報を取り扱う際に仮名化を行うなどのニーズに対応することが必要です。したがって、匿名加工情報とは異なり、原則として仮名加工情報の第三者提供はできません。

そして、個人情報の加工の方法については、前述した匿名加工情報におけるⓐまたはⓑの方法によることが要求されています。

匿名加工情報は元の個人情報への復元ができないので、個人情報に該当する余地がありません。しかし、仮名加工情報は他の情報との照合によって特定の個人を識別できるので、個人情報に該当する仮名加工情報と、個人情報に該当しない仮名加工情報とがあります。この点から、特に個人情報に該当する仮名加工情報に対しては、基本的に個人情報に関する規制が適用されることに注意を要します。

また、仮名加工情報を取り扱う事業者を仮名加工情報取扱事業者といい、仮名加工情報を含めたさまざまな情報を容易に検索できるような形に構成したもの仮名加工情報データベース等という点は、個人情報や匿名加工情報と類似しています。

どんな規制があるのか

個人情報保護法では、個人情報、個人データ、個人情報データベース等の取扱いについて、個人情報取扱事業者に対し、おもに次のような制限を課しています。

① **利用目的の特定**

個人情報を取り扱う際、その利用目的をできる限り特定しなければなりません。利用目的を変更する場合は、変更前の利用目的と関連性を有すると合理的に認められる範囲内でなければ変更することができません。

② **利用目的による制限**

あらかじめ本人の同意を得ることなく、①において特定した目的の達成に必要な範囲を超えて個人情報を取り扱うことはできません。

③ **不適正な利用の禁止**

違法・不当な行為を助長したり、誘発したりするおそれがある方法で個人情報を利用してはいけません。令和２年成立の個人情報保護法改正で追加されました。

④ **適正な取得など**

偽りその他不正の手段による個人情報の取得は許されません。

また、要配慮個人情報は、原則として、あらかじめ本人の同意を得ずに取得することも許されません。平成27年成立の個人情報保護法改正で追加されました。

⑤　正確性の確保

利用目的の達成に必要な範囲内で、個人データを正確かつ最新の内容に保つと共に、不要な個人データは消去するよう努めなければなりません。

⑥　漏えいの報告など

取り扱う個人データの漏えい、滅失、毀損その他の個人データの安全の確保に係る事態であって個人の権利利益を害するおそれが大きいものが生じたときは、原則として、その事態が生じたことを個人情報保護委員会に報告すると共に、本人に対して通知をしなければなりません。令和２年成立の個人情報保護法改正で追加されました。

⑦　第三者提供の制限

原則として、あらかじめ本人の同意を得ずに個人データを第三者に提供することはできません。

例外として、オプトアウトの手続を行っていることを個人情報保護委員会に届け出ることで、第三者提供が可能となる場合があります（届出の制度は平成27年成立の個人情報保護法改正で導入）。しかし、ⓐ要配慮個人情報、ⓑ不正取得された個人データ、ⓒ他の事業者からオプトアウト規定により提供された個人データは、オプトアウト規定による第三者提供ができません。平成27年成立の改正でⓐが規定され、令和２年成立の改正でⓑⓒが追加されました。

個人データの安全管理措置義務

個人情報保護法では、個人情報取扱事業者に対し、取り扱う個人データの漏えい、滅失または毀損の防止その他の個人データの安全管理のために必要かつ適切な措置を講じることを義務付けています。

また、個人情報保護法についてのガイドラインの「通則編」では、以下のような措置が定められています。

①　組織的安全管理措置

個人データの取扱い状況を確認するための手段を整備すべきことの定め、万一の漏えい等が発生した場合などに備えて、適切かつ迅速に対応するための体制の整備を求めています。

②　人的安全管理措置

従業者に対する個人情報の取扱いに関する指導・監督や必要な教育を

内容とするものです。

③　**物理的安全管理措置**

たとえば、個人情報データベース等を取り扱うコンピュータの情報システムを管理する区域（管理区域）などを適切に管理し、取り扱う機器や書類などの盗難・紛失といった事態を防ぐ措置を義務付けています。

④　**技術的安全管理措置**

情報にアクセスできる従業者を制限し、正当なアクセス権を有する従業者を識別するしくみを整えることが求められます。また、外部からの不正アクセスが問題となっており、適切なウイルス対策などを行うことで、情報への不正アクセスから保護する体制を整えなければなりません。

外部委託と安全管理措置義務

個人情報取扱事業者である企業が、利用目的の達成に必要な範囲内で、社内における業務の全部または一部

組織的・人的安全管理措置

組織的安全管理措置	人的安全管理措置
①個人データの安全管理措置について、組織体制の整備、規程の整備、規程に従った運用をする ②個人データの取扱い状況を一覧できる手段を整備する ③個人データの安全管理措置の評価、見直し、改善を図り、事故や違反に対処する	①雇用や委託の契約時において、個人データの非開示契約を締結する ②従業員に対して、個人データの取扱いについての教育・訓練を実施する

物理的・技術的安全管理措置

物理的安全管理措置	技術的安全管理措置
①入退室の管理を実施する ②盗難などを防止する ③機器・装置などを物理的に保護する	①個人データへのアクセスについて、識別と認証、制御、権限の管理を行う ②個人データのアクセスを記録する ③個人データを取り扱うシステムについて、不正ソフトウェア対策、動作確認時の対策、監視を行う ④個人データの移送・送信の対策をする

を第三者に委託する際、社内で保有する個人データを提供する必要がある場合には、事前に個人データの帰属する本人の同意を得なくても、その個人データを委託先に提供することが可能です。

この場合、安全管理措置義務として、個人情報取扱事業者である企業（委託元）に対しては、委託先が個人データを適正に利用するように監督する義務が生じます。

どんな場合に問題になるのか

情報漏えい事件としてニュースでよく取り上げられているのが、ウイルスによるデータの流出や、USBメモリなどによる持ち出し・紛失などです。

その他には、個人情報データベース等をメール送信する際に誤って別の相手先に送信してしまう、本来BCCで送付すべきメールをCCで送信してメールアドレスを必要のない相手に公開してしまう、といった事態もよく起こります。これらの事態は、情報管理体制やチェック体制の不備によって起こるもので、個人情報取扱事業者は、個人情報保護法への違反行為と認識して発生防止に努めなければなりません。

もっとも、個人情報は事業にあたって有用な情報であり、必要に応じて取得・利活用すべきものです。しかし、その際には、取扱いを誤れば社会的な信用を失墜させ、罰則が科される危険性もあることを念頭に置き、どのように取得するのか、取得した情報をどのような方法で管理・運用するのかを十分に検討しなければなりません。法令に準拠したマニュアルを作る、定期的に個人情報の取扱いに関する講習を行う、内部規程を徹底して従業員に浸透させていく、などの対策をしておく必要があるでしょう。

違反した場合の措置や罰則

個人情報保護委員会は、個人情報などの取扱いについて、必要に応じて事業者に報告をさせることや、助言をすることができます。この報告をせず、または虚偽報告をした場合は、50万円以下の罰金が科せられます。

また、個人情報などの取扱上の義務違反があった場合、個人情報保護委員会は、事業者に是正を勧告することができ、勧告に応じず状況が切迫しているときは、措置命令を発することができます。この措置命令に違反した場合は、1年以下の懲役または100万円以下の罰金が科せられます。

令和２年成立の個人情報保護法改正で、従来よりも罰則が重くなったことに注意を要します。

窓口対応について

個人情報保護法では、個人情報取扱事業者が有する保有個人データについて、当該事業者の氏名や利用目的などの事項を本人の知り得る状態に置くことや、本人からの開示、内容の訂正・追加・削除、利用停止、消去、第三者への提供の停止の各請求（開示等の請求）に応じる義務が定められています。つまり、企業が開示等の請求について窓口対応を行わなければなりません。

さらに、個人情報などの取扱いに関する苦情に適切かつ迅速に対応するため、必要な体制を整える努力義務も個人情報取扱事業者に課しています。保有個人データの開示等の請求が本人からなされた場合は、苦情もあわせて出されるケースが多いので、企業の担当者は、窓口体制を整備するにあたり、そのあたりも考慮しておく必要があります。

窓口での応対では、「請求しているのが本人（または正当な代理人）であるかどうか」「請求の内容、理由は何か」などを正確につかみ、請求の正当性を確認することが重要になります。

訂正等の請求を受けた場合は、利用目的の範囲内で調査をし、その結果によって訂正等を行うことになります。訂正等を行った際には、本人に対してその内容を通知しなければなりません。

利用停止等の請求については、違反や不正があった場合に限り応じればよいことになっています。利用停止等の手続きを行った場合、開示・訂正等と同様、できるだけ早く通知を行わなければなりません。

委託先への個人データの提供

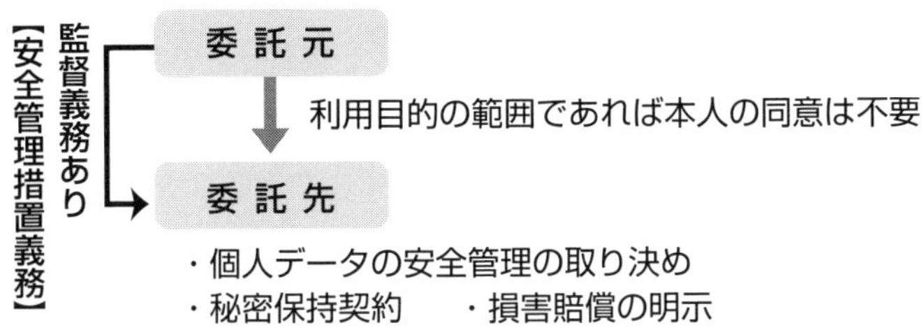

6 金融商品販売法

金融商品の販売前に重要事項を説明する必要がある

規制対象となる金融商品

金融商品販売法は、金融商品取引法と同様に、顧客（投資家）の保護を目的とした法律で、正式名称は「金融商品の販売等に関する法律」といいます。

金融商品販売法では、金融商品の販売や勧誘による被害から顧客を保護するため、重要事項の説明や勧誘方針の公表などを、金融商品販売業者（金融商品の販売を事業として行う者）に義務付けています。

金融商品販売法では、預金、保険、有価証券、抵当証券、商品ファンド、不動産ファンド、金融先物取引、オプション取引、暗号資産（仮想通貨）など、ほぼすべての金融商品を規制対象としています。また、今後も新しい種類の金融商品が出現する可能性があるので、金融商品販売法の規制対象となる新しい金融商品は、政令で定めることができるようにしています。

なお、令和２年（2020年）施行の金融商品販売法改正で、暗号資産を規制対象に追加したように、法律の改正によって新たな金融商品が規制対象となる場合もあります。

重要事項の説明義務

金融商品販売法では、金融商品販売業者が、金融商品の販売前に、顧客に対して重要事項の説明を行うことを義務付けています。ただし、顧客が重要事項の説明は不要であるとの意思を表明したときは説明不要ですが、この例外として、平成24年（2012年）成立の金融商品販売法の改正で、金融関連の市場デリバティブ取引を扱う際には、顧客が重要事項の説明は不要であるとの意思を表明しても、金融商品販売業者は重要事項を説明しなければならないことになっています。

そして、顧客に説明すべきおもな重要事項として、市場リスク、信用リスク、権利行使期間の制限があります。

市場リスクとは、金利や有価証券市場における相場などの変動によって損失が生じるおそれがあることです。たとえば、外国債券の場合は、為替相場によって元本割れをするおそれがあるので、為替レートなどが重要事項となり、金融商品販売業者はこの点を顧客に説明する必要があります。

信用リスクは、金融商品販売業者の業務や財産状況の変化を原因として元本割れが生じるリスクのことをいいます。たとえば、預金保険の対象外の部分について、定期預金は銀行の破たんによる元本割れのリスクがある金融商品であるといえます。

権利行使期間の制限とは、文字どおり権利を行使できる期間が限られていることをいいます。

説明義務に違反した場合はどうなる

重要事項の説明を行わなかった場合には、金融商品販売業者は、これによって顧客に生じた損害を賠償する責任を負います。

顧客の損害額は元本欠損額であると推定されます。元本欠損額とは、顧客が金融商品を購入する際に支払った金額よりも、受け取った金額が少ない場合における両者の差額をいいます。たとえば、重要事項の説明がない状態で顧客が200万円の有価証券を購入したが、その有価証券を売却した金額と配当金額を合わせても150万円にしかならなかったとすると、元本欠損額は50万円になり、これが顧客の損害額であると推定されます。

通常、民法の不法行為を理由として損害賠償請求をする場合には、損害額や相手方の故意・過失などを立証する必要があります。しかし、金融商品販売法の規定によって、顧客は、金融商品販売業者から販売前に重要事項の説明を受けなかったことと、元本欠損額を立証すれば、金融商品販売業者の故意・過失などを立証しなくても、損害賠償請求ができるようになります。

金融商品販売法のしくみ

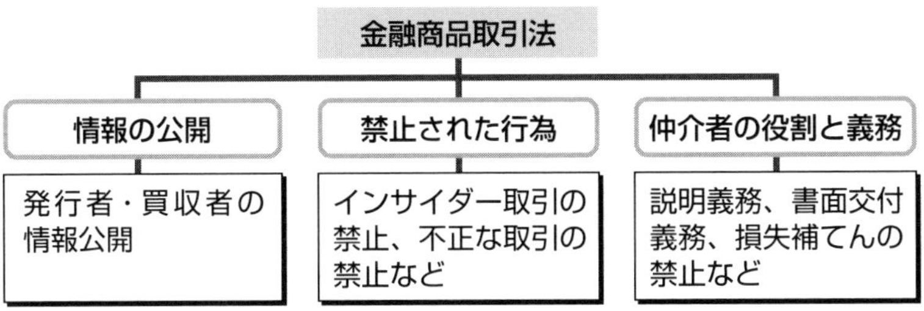

【監修者紹介】
岩﨑　崇（いわさき　たかし）
1986年生まれ。神奈川県横浜市出身。首都大学東京都市教養学部法学系卒業、慶應義塾大学法科大学院修了。2012年弁護士登録。裁判にしない交渉によるスピード解決と、トラブル予防の仕組みづくりを強みとし、中小企業向け企業法務、顧問弁護士業務を展開。法令違反の調査にとどまらず、法令を遵守しつつ事業目的を実現するための提案とわかりやすい説明に定評がある。経営者向けセミナー開催、東洋経済オンライン等記事執筆実績多数。慶應義塾大学法科大学院助教。おもな著作（監修書）に、『図解で早わかり　最新　独占禁止法・景表法・下請法』『事業再編・M&A【合併・会社分割・事業譲渡】の法律と手続き（共同監修）』（いずれも小社刊）がある。

●未来創造弁護士法人
横浜市西区北幸 1-11-15 横浜 ST ビル 7 階
電話 045-624-8818
https://www.mirai-law.jp/

事業者必携
訪問販売・通信販売など活用自在！
最新　特定商取引法と消費者契約の実践法律知識

2021年11月30日　第1刷発行

監修者　岩﨑崇（いわさきたかし）
発行者　前田俊秀
発行所　株式会社三修社
〒150-0001　東京都渋谷区神宮前2-2-22
TEL　03-3405-4511　FAX　03-3405-4522
振替　00190-9-72758
https://www.sanshusha.co.jp
編集担当　北村英治
印刷所　萩原印刷株式会社
製本所　牧製本印刷株式会社

ISBN978-4-384-04880-3 C2032